GABRIELE RANDEL

Molekulare Desserts

40 Desserts von Profis für Einsteiger und Fortgeschrittene – der perfekte Dessert-Spaß

Inhaltsverzeichnis

Der neueste Trend

in der Welt der Desserts

Die **Molekulare Gastronomie** ist bereits seit Jahren ein Thema in immer mehr Küchen und Medien, denn sie begeistert und überrascht sowohl Experimentierfreudige als auch Traditionalisten. Immer wieder werden dabei die dampfenden, eiskalten Behälter gefüllt mit flüssigem Stickstoff gezeigt, in denen alles Mögliche wundersam schockgefrostet wird, und dann die Gäste, denen wie dem kleinen Drachen Grisu der Dampf aus Ohren und Nasenlöchern steigt. Der Gedanke, derartiges auch den Gästen im häuslichen Wohnzimmer anbieten zu können, erübrigt sich jedoch und somit bleibt nur die Bewunderung für die Zauberer der neuen Küche.

Aber eigentlich muss es gar nicht so kompliziert sein. Die Molekulare Gastronomie unterscheidet sich von Großmutters Küche hauptsächlich durch die spektakulären und ungewöhnlichen Geschmackserlebnisse. Diese werden dadurch erreicht, dass traditionelle Gerichte in veränderter Struktur und Konsistenz neuartig zusammengestellt werden. Wie der Erbseneintopf, dessen Einzelkomponenten Erbsen, Fleisch und Kartoffeln von dem Spitzengastronom Heiko Antoniewicz in Form von Gelees zu einem Turm übereinander geschichtet wurden, gekrönt von einem knusprigen Schinkenchip. Aufgrund der festen Form serviert mit Messer und Gabel wird zunächst das Auge überrascht. Und dann können sich die Aromen der einzelnen Schichten im Mund des Essers ganz anders entfalten als in der Einheit des Eintopfes. Man denke nur daran, wie vielfältig zum Beispiel der Geschmack einer Schokolade auch von deren Konsistenz beeinflusst wird – vom Kakaogetränk über die viskose Pralinenfüllung, der festen Blockschokolade bis hin zur cremigen Mousse au Chocolat.

So verdankt die Molekulare Gastronomie ihre Entwicklung hauptsächlich der Kreativität und Suche vieler Köche nach ungewöhnlichen Geschmackskombinationen und innovativen Gerichten. Aber auch das steigende Angebot der dafür notwendigen Zutaten und deren verbesserte Dosierung und Löslichkeit tragen dazu bei, dass mittlerweile auch kreative Hobbyköche und Bartender die vielfältigen Möglichkeiten der Molekularen Techniken nutzen können. Somit war es nur ein kleiner Schritt, diese zum Beispiel auf die Cocktailwelt zu übertragen. In dem ersten, sehr erfolgreichen Rezeptbuch »Molekulare Cocktails« wurden von professionellen Barkeepern Deutschlands völlig neuartige Cocktailformen vorgestellt: der Mocchito oder die Piña Colada in fester Form zum Reinbeißen, Klassiker wie der B52 oder Martini verkapselt als sog. Liquid Drops, und dann noch Cocktails aus der Tube oder solche, die im Dunkeln leuchten.

Und nun sollen es »Molekulare Desserts« sein.

Das Modellieren mit Zucker, die Veränderung von Struktur und Konsistenz von Lebensmitteln findet seinen eigentlichen Ursprung in der Patisserie und Konditorei. Pralinen oder Bonbons werden in alle möglichen Formen gebracht, und Torten werden mit Figuren aus Marzipan oder Zuckerglasur verziert. Die für die Molekularen Techniken verwendeten Zutaten, wie Gelier- und Verdickungsmittel sind im Grunde auch Zuckermoleküle, die dazu dienen, die Struktur von Flüssigkeiten zu verändern und sie in feste Gelees, flüssige Kapseln oder luftige Schäume zu verwandeln. Diese Zutaten werden von der Lebensmittelindustrie seit Jahren vielfältig eingesetzt, wobei weitgehend unbekannt ist, dass die verwendeten Zaubermittel wie Carrageen, Alginat oder Johannisbrotkernmehl natürlichen Ursprungs sind und überwiegend aus Algen oder Bestandteilen von Pflanzen gewonnen werden.

Mithilfe dieser innovativen Texturgeber können Sie auf einfache Art und Weise völlig neuartige Molekulare Desserts herstellen. Lassen Sie sich dabei von den vielen kreativen Rezepten der professionellen Patissiers inspirieren. Die detailliert bebilderten Anleitungen für den Umgang mit den Texturgebern und dem hilfreichen Zubehör erleichtern Ihnen dabei das Arbeiten und den Einstieg in die Welt der Molekularen Desserts. Doch das Wichtigste bei den Molekularen Cocktails oder Molekularen Desserts ist der Spaß bei der gemeinsamen Herstellung und der Genuss bislang undenkbarer Eigenkreationen.

Die richtigen Zutaten

zum Gelieren, Verkapseln und Schäumen

Der dessertPro®-Baukasten enthält alle innovativen Zutaten und Hilfsmittel, die Sie zur Kreation Molekularer Desserts benötigen:

- ALGIZOON **und** CALAZOON **dienen der Herstellung von verkapselten Perlen, die im Mund zerplatzen und eine Geschmacksexplosion auslösen.**
- EMULZOON **benötigen Sie, um aromatische, luftige Schäume herzustellen.**
- IOTAZOON **verwendet man zur einfachen Herstellung cremiger Schäume, wie Mousse au Chocolat, oder für feste Gelees in verschiedenen Formen.**
- LOCUZOON **ist der Partner des Iotazoon und unterstützt die Festigkeit von Gelees und Schäumen.**
- PERLAZOON red **und** gold **geben Ihren Desserts ein glänzendes Erscheinungsbild.**

Außerdem enthält der Baukasten notwendige Utensilien wie eine Tropfflasche, mit der einfach und bequem aus Flüssigkeiten kleine, verkapselte Perlen hergestellt werden können. Ein Sieblöffel vereinfacht das Abschöpfen der kleinen und großen Perlen.

Die innovativen Zutaten zur Herstellung molekularer Desserts sind rein natürlich und stammen nicht aus dem Chemiebaukasten. Es handelt sich um Zuckermoleküle, die aus Algen (Algizoon und Iotazoon) oder Pflanzensamen (Emulzoon und Locuzoon) gewonnen werden. Diese Zuckermoleküle wirken als Gelier- oder Verdickungsmittel, da sie Wasser mehr oder weniger fest binden können. Man kann Aromakapseln oder kaviarähnliche Perlen herstellen, Flüssigkeiten fest gelieren und dadurch in die unterschiedlichsten Formen bringen, oder in luftige Schäume verwandeln. Seien Sie innovativ und probieren Sie völlig neuartige Molekulare Desserts!

1 DOSIERLÖFFEL

zur Dosierung der Texturgeber und Perlglanzpigmente

2 PERLGLANZPIGMENTE PERLAZOON RED UND GOLD

für glänzende Farbeffekte

3 TROPFFLASCHE

zur Herstellung kleiner Aromaperlen (Kaviar)

4 SIEBLÖFFEL

zum Abschöpfen der flüssigen Kapseln

5 NATÜRLICHE TEXTURGEBER

zur Herstellung von Schäumen, festen oder fluiden Gelen oder von flüssigen Kapseln

Algizoon

Algizoon besteht aus Natrium-Alginat, einem Geliermittel, das aus den Zellwänden von Braunalgen gewonnen wird. Den Algen verleiht es sowohl Flexibilität als auch Festigkeit.

Es wird in der Lebensmittelindustrie als Stabilisierungs- und Geliermittel verwendet, beispielsweise zur Herstellung von Cremefüllungen und Fruchtfüllungen in Backwaren, in Eiscreme und Sorbets zur Verhinderung der Kristallbildung oder in fettarmen Brotaufstrichen zur Verbesserung von Struktur und Konsistenz.

Algizoon bildet zusammen mit Calcium (Calazoon) feste, flexible Gele aus. Das Calcium lagert sich dabei so an die Bestandteile des Algizoons an, dass ein dreidimensionales Netzwerk entsteht, in dem das Wasser fest eingeschlossen wird. Dieses Netzwerk ist sehr flexibel, hitzestabil und kann nur manuell, z. B. beim Zerbeißen zerstört werden.

Die sicherlich effektvollste Anwendung von Algizoon ist die Verkapselung oder »Spherifikation«, wie Sie von den spanischen Vorreitern der Molekularen Gastronomie genannt wird. Eine detaillierte Beschreibung dieser Anwendung finden Sie auf den Seiten 19 bis 23.

Tropft man eine mit Algizoon versetzte Flüssigkeit in ein Bad mit Calazoon ein, dann reagiert das Geliermittel schlagartig mit dem Calcium und es entstehen runde Kapseln (Perlen). Diese haben eine feste Hülle und einen flüssigen Kern, der im Mund zerplatzt und eine wahre Geschmacksexplosion auslöst.

Auf diese Art und Weise können Sie Flüssigkeiten in Form von kleinen Perlen bis hin zu großen Kugeln verkapseln. Sie können zum Beispiel ein einfaches Limettensorbet oder einen Fruchtcocktail in molekulare Dessertwunder verwandeln (Seite 52 und 72). Serviert auf so genannten Happy Spoons bilden die Vanilleperlen (Seite 39) oder die goldenen Tiramisu-Eier (Seite 68), ein Konfekt der ganz besonderen Art. Oder Sie zaubern ein Ananassüppchen, in dem kleine rote Perlen in Schwebe gehalten werden (Seite 58).

Calazoon

Calazoon ist Calciumlactat (E 327), das Calciumsalz der Milchsäure, welches in gelöster Form in Milch enthalten ist. Calcium ist als Bestandteil von Knochen und Zähnen ein lebenswichtiges Mineral für den Menschen. Neben seinen funktionellen Eigenschaften als Säureregulator oder Festigungsmittel dient Calciumlactat in Lebensmitteln auch der Anreicherung mit Calcium, um eine ausreichende tägliche Calciumzufuhr von Säuglingen bis zu Erwachsenen zu gewährleisten.

Calazoon dient als Hilfsstoff für die Geliermittel Algizoon und Iotazoon. Die entstehenden Gele gelten als besonders fest und doch flexibel und sind aufgrund dieser Eigenschaften für viele Anwendungen in der Molekularen Gastronomie interessant. Während für das Gelieren vieler Desserts mit Iotazoon calciumreiche Zutaten wie Milch oder Sauermolke ausreichen, werden für spezielle Anwendungen, wie z. B. das Formen von Gelkapseln, höhere Calciumkonzentrationen von 4 bis 5 Prozent benötigt, die sich in anderen küchenüblichen Zutaten nicht finden lassen.

Für diese Anwendungen können Sie Calazoon einsetzen, das sich durch einen sehr milden und angenehmen Geschmack auszeichnet und daher das Aroma der im Calazoon-Bad hergestellten Perlen und Kapseln nicht verfälscht. Bei der Herstellung der Gelkapseln gilt dann: Je höher die Konzentration von Calazoon im Calazoon-Bad (siehe dazu die Anleitung auf Seite 20), desto schneller werden die Kapseln und Perlen fest; und je länger die Kapseln und Perlen im Calazoon-Bad verweilen, desto stärker wird ihre Außenhülle.

Emulzoon

Emulzoon besteht aus Lecithin, einem natürlichen, fettähnlichen Stoff aus der Gruppe der so genannten Phospholipide. Lecithin ist ein wichtiger Bestandteil im menschlichen Körper und ist besonders im Nerven- und Knochengewebe sowie in Herz und Leber zu finden. Auch Lebensmittel wie Pflanzenöle, Hülsenfrüchte und Hühnereier sind besonders reich an Lecithin.

Lecithin wird überwiegend aus Sojabohnen gewonnen, wobei darauf geachtet wird, dass der für Emulzoon verwendete Rohstoff ausschließlich aus nicht gentechnisch veränderten (GMO-freien) Sojapflanzen gewonnen wird. Für die Herstellung werden zunächst die getrockneten Sojabohnen vermahlen und dann wird das Sojaöl mit einem Lösungsmittel herausextrahiert. Mithilfe von Wasserdampf werden dann die im Öl enthaltenen Lecithine herausgelöst.

Lecithin gilt als unbedenklich. Es wird im Organismus vollständig verwertet. In der Lebensmittelverarbeitung dient es hauptsächlich als Emulgator, d. h. zum Vermischen von Fett und Wasser, und wird als Hilfsstoff zur Teiglockerung in Brot- und Backwaren, zur Instantisierung von Trockenprodukten oder zur Herstellung von Margarine und Schokoladen verwendet.

Zur Herstellung Molekularer Desserts können Sie mit Emulzoon Flüssigkeiten in luftige Schäume verwandeln, z. B. in einen Basilikumschaum (Seite 37), einen Salzschaum (Seite 60) oder in eine »Calvados Wolke« (Seite 35). Diese Schäume erzeugen ein sehr aromatisches und einzigartig schmelzendes Mundgefühl. Denn im Vergleich zu Flüssigkeiten haben Schäume eine vergrößerte Oberfläche, erreichen so viel mehr Geschmackspapillen im Mund und wirken dadurch »körperreicher«.

Iotazoon

Iotazoon ist ein Carrageentyp, der aus Rotalgen gewonnen wird. Der Vielfachzucker wird mit heißem Wasser aus den Zellwänden der Rotalgen herausgelöst. Durch Reinigung, schonende Trocknung und Vermahlung entsteht dann ein weiß bis gelbliches, geruch- und geschmackloses Pulver. Iota-Carrageen wird industriell als Geliermittel und Stabilisator z. B. in Milchprodukten, zur Herstellung von Pasteten, Desserts, Konfekt, Saucen und Getränken verwendet.

Iotazoon geliert zum einen durch Erhitzung und Abkühlung, d. h. es bindet heiße Flüssigkeiten bei Abkühlung auf Zimmertemperatur oder darunter zu einer schnittfesten Konsistenz, die die Form des Gefäßes annimmt, in der sie erkaltet. Dadurch können feste Gelees in allen erdenklichen Formen hergestellt werden, z. B. als »Zylinder von der Mango« (Seite 76), als Folien aus Kokosmilch oder Karamell (»Kokosrolle« auf Seite 80, »Baby-Ananas im Karamellmantel« auf Seite 67) oder geschnitten als Nudeln (»Panna-Cotta-Tagliatelle« auf Seite 75, »Kokosnudeln« auf Seite 82). Bei erneuter Erhitzung wird das mit Iotazoon gebundene feste Gelee wieder flüssig. So kann der Geliervorgang wiederholt werden, falls die hergestellte Form nicht gefällt.

Zum anderen reagiert Iotazoon auch mit Calcium-Ionen (Calazoon) und produziert sehr flexible und weiche Gele. Diese Gele besitzen so genannte pseudoplastische Eigenschaften, d. h. durch Schütteln, Rühren oder beim Kauen wird das Gel verflüssigt, nach längerem Stehen verfestigt es sich wieder (zu vergleichen mit Ketchup). Diese Eigenschaft vermittelt ein schmelzendes Mundgefühl. Iotazoon ist aufgrund des hohen Calciumgehaltes besonders gut zur Verarbeitung von Milchprodukten geeignet. Durch Kombination beider Effekte (Hitzegelierung und Reaktion mit Calcium) können Milchschäume hergestellt haben, die so cremig sind wie Sahne. So können Sie z. B. sehr einfach Milchgranité oder Mousse au Chocolat herstellen (siehe »Weiße Schokoladenmousse« auf Seite 48 oder »Latte-Macchiato-Mousse« aus Seite 51).

Locuzoon

Locuzoon besteht aus Johannisbrotkernmehl, auch Karubenmehl genannt, das aus den Samen des vorwiegend in mediterranen Regionen wachsenden Johannisbrotbaums hergestellt wird. Dazu werden die getrockneten Samen von der äußeren Schale befreit und dann direkt zu dem weißen, geschmacksneutralen Mehl vermahlen. Johannisbrotkernmehl ist als Lebensmittelzusatzstoff zugelassen und unterliegt keiner Höchstmengenbeschränkung. Es wird industriell als Verdickungsmittel und Stabilisator zur Verarbeitung von Milchprodukten, Desserts, Fruchtzubereitungen, Dressings und Saucen verwendet.

Locuzoon ist besonders gut in heißen Flüssigkeiten löslich und geliert genau wie lotazoon durch Abkühlung. Bei Kombination beider Texturgeber können je nach Dosierung stabile, elastische Gele hergestellt werden, die alle denkbaren Formen annehmen. So können Sie beispielsweise Nudeln oder Reiskörner in süßer Variante herstellen und dadurch in Molekulare Desserts verwandeln, z. B. in einen Molekularen Apfelmilchreis auf Seite 105.

In geringer Dosierung dient Locuzoon zum Andicken fruchtiger Saucen, die als Pralinenfüllung oder zur Geschmacksabrundung von Desserts verwendet werden. Durch bunte Fruchtsaucen oder dunkle Schokoladensauce in Streifen oder Punkten können Sie auch sehr schön das Dessert selbst oder den Tellerrand dekorieren, zu sehen bei der »Baby-Ananas im Karamellmantel« auf Seite 67 oder der »Pana-Cotta-Tagliatelle« auf Seite 75.

Perlazoon red und gold

Perlazoon red und gold sind Perlglanzpigmente, feine Pulver, die mit verschiedenen Metalloxiden (z. B. Titandioxid, Eisenoxide) beschichtet sind. Diese Metalloxide sind ungiftig und nicht reaktiv. Sie sind weltweit lebensmittelrechtlich zugelassen und für den menschlichen Verzehr völlig ungefährlich.

Perlglanzpigmente funktionieren nach einem der Natur abgeschauten Trick. Hinter dem attraktiven Schimmer dieser Pigmente steckt das einfache Phänomen der Lichtbrechung. Lichtwellen werden an den Strukturen der Pigmente unterschiedlich stark gebrochen. Dabei wird das weiße Licht in seine Bestandteile, die Farben des Regenbogens, zerlegt. Aufgrund der mehrfachen Lichtbrechung entsteht der Eindruck des Schimmerns.

Die Entwicklung der Perlglanzpigmente begann in den 1970er Jahren, als man versuchte, den Glanz einer natürlichen Perle auf einfache Weise nachzuahmen, beispielsweise durch den Einsatz fein gemahlener Fischschuppen. Heutzutage werden die auf Metalloxiden basierenden Pigmente in der Farbveredelung von Schmuck oder Kosmetika, für Farblackierungen im Automobilbereich oder Druckfarben in der Industrie und Kunst eingesetzt. In der Lebensmittelverarbeitung werden sie vor allem zur Färbung von Süßwaren wie Bonbons oder von Zuckerglasuren für Backwaren oder Eis verwendet.

Mit Perlazoon red und gold können Sie Ihren Molekularen Desserts nun auch einzigartig glänzende und Aufsehen erregende Farbeffekte verleihen, z. B. den »Goldenen Tiramisu-Eiern« auf Seite 68, den »Erdbeer-Joghurt-Drops« aus Seite 70 oder dem »Goldenen Himbeer-Holunder-Süppchen« auf Seite 42.

Herstellung von festem Gelee

PRODUKTE: Iotazoon

PRINZIP: Iotazoon kann als vegetarischer Ersatz für Gelatine verwendet werden. Es geliert durch Aufkochen, d. h. es bindet heiße Flüssigkeiten bei Abkühlung auf Zimmertemperatur oder darunter zu einer schnittfesten Konsistenz, die die Form des Gefäßes annimmt, in der sie erkaltet. Dadurch können feste Gelees in allen erdenklichen Formen hergestellt werden.

REZEPTBEISPIELE: Konfekt von Vanille und Grand Manier (Seite 30) oder Panna-Cotta-Tagliatelle (Seite 75).

ANLEITUNG

1. 5 gestr. Dosierlöffel Iotazoon mit 100 ml Flüssigkeit (in diesem Beispiel Kirschsaft) in einen kleinen Topf geben.
2. Iotazoon-Pulver mithilfe eines Schneebesens vollständig in der Flüssigkeit auflösen und unter ständigem Rühren kurz aufkochen.

TIPP: Alkoholhaltige Flüssigkeiten erst nach dem Aufkochen zugeben, wenn die Mischung schon etwas abgekühlt und zähflüssig ist.

3. Die heiße Mischung aus (2) in hitzestabile Formen gießen und diese zum Abkühlen in den Kühlschrank bzw. zur Herstellung gefrorener Gelees in das Tiefkühlfach stellen.
4. Die gekühlten, festen Gelees aus (3) vorsichtig aus der Form nehmen und anrichten.
5. Alternativ: die heiße Mischung aus (2) flach auf einer Silikonmatte oder einem Backblech ausgießen und abkühlen lassen. Aus dem festen Gelee können dann entweder verschiedene Formen ausgestochen werden, oder es werden feine Streifen geschnitten, z. B. um gelierte Tagliatelle herzustellen.

1

2

3

4

Herstellung von gelierten Schäumen

PRODUKTE: Iotazoon und Locuzoon

PRINZIP: Iotazoon ist als Texturgeber besonders gut zur Verarbeitung von Milchprodukten geeignet. Es verleiht ihnen auch bei niedrigem Fettgehalt eine cremige, sahnige Konsistenz. Mithilfe eines Sahnesiphons kann durch Iotazoon eine Schokomilch ganz einfach in eine Mousse au Chocolat verwandelt werden. Die Kombination mit dem Verdickungsmittel Locuzoon verbessert dabei die Stabilität des Schaums.

REZEPTBEISPIELE: Weiße Schokoladenmousse (Seite 48) oder Latte-Macchiato-Mousse (Seite 51).

ANLEITUNG

1. 2 gestr. Dosierlöffel Iotazoon und 1 gestr. Dosierlöffel Locuzoon mit 200 ml Flüssigkeit (hier im Beispiel eine Schokomilch) in einen kleinen Topf geben.
2. Iotazoon- und Locuzoon-Pulver mit einem Schneebesen vollständig in der Flüssigkeit auflösen und diese unter ständigem Rühren kurz aufkochen.
3. Die heiße Flüssigkeit aus (2) in einen Sahnesiphon füllen, diesen fest verschließen und kopfüber mit 1–2 Patronen beladen. Während des Abkühlens öfter kräftig schütteln.
4. Vor dem Aufschäumen ein weiteres Mal kräftig schütteln und dann den Schaum kopfüber aus dem Sahnesiphon sprühen. Der Schaum kann direkt auf den angerichteten Teller gesprüht werden. Wenn Sie ihn vorher in ein separates Gefäß sprühen, können Sie den Schaum mit einem Löffel leichter auf dem Dessert anrichten und ggf. nachformen.

TIPP: Wenn Sie einen lockeren, leichteren Schaum wünschen, können Sie das Locuzoon weglassen. Für einen kompakteren Schaum sollten Sie mehr von dem Iotazoon-Pulver (3–4 gestr. Dosierlöffel) verwenden.

TIPP: Verwenden Sie 2 Patronen, dann wird der Schaum lockerer. Jedoch sollten Sie bei einem Siphon mit 500 ml Fassungsvolumen nie mehr als 2 Patronen einfüllen.

Locuzoon
Iotazoon
1

2

3

Herstellung

luftiger Schäume

PRODUKTE: Emulzoon

PRINZIP: Emulzoon ist ein Emulgator, der kleine und große Luftbläschen im Schaum stabilisiert. Mit Emulzoon können Sie jede beliebige Flüssigkeit in einen luftigen Schaum verwandeln. Das Aufschäumen erfolgt mit einem elektrischen Rührstab mit Emulsionsscheibe oder am besten mit einem elektrischen Milchaufschäumer.

REZEPTBEISPIELE: Basilikumschaum (Seite 37), Salzschaum (Seite 60), Himbeerschaum (Seite 75).

ANLEITUNG

1. 3–4 gestr. Dosierlöffel Emulzoon zu 300 ml Flüssigkeit (hier zum Beispiel Basilikumsaft) in eine breite, flache Schale geben.
2. Mit dem elektrischen Rührgerät oder einem Milchaufschäumer auf der Oberfläche der Flüssigkeit Schaum aufschlagen.
3. Mit einem Löffel den Schaum abschöpfen und direkt auf das Dessert geben. Danach neuen Schaum aufschlagen.

TIPP: Wenn die Schaumbildung nachlässt, kann noch ein weiterer Dosierlöffel Emulzoon zugegeben werden. Jedoch verändert das Emulzoon bei zu hoher Dosierung das Aroma der Flüssigkeit. In diesem Fall einfach neue Flüssigkeit mit Emulzoon ansetzen.

1

2

Herstellung von flüssigen Kapseln

PRODUKTE: Algizoon und Calazoon

PRINZIP: Das Geliermittel Algizoon reagiert mit Calcium (Calazoon). Dabei entsteht ein festes Gel. So lassen sich die unterschiedlichsten aromatischen Flüssigkeiten zu kleinen Perlen (Kaviar) oder großen Drops verkapseln, die eine feste Außenhülle haben und im Innern flüssig bleiben. Beim Verzehr zerplatzen sie im Mund und lösen dadurch eine Geschmacksexplosion aus.

VARIANTE 1: Die mit Algizoon versetzte Flüssigkeit wird in das Calazoon-Bad getropft.

Wann sollte Variante 1 angewendet werden?
Wenn es schnell gehen soll. In dieser Reihenfolge bildet sich die feste Außenhülle sehr schnell aus, d. h. kleine Perlen oder große Drops sind bereits nach einer Minute fertig.

REZEPTBEISPIELE: Vanilleperlen (Seite 39) oder Blue-Curaçao-Drops im Fruchtcocktail (Seite 72).

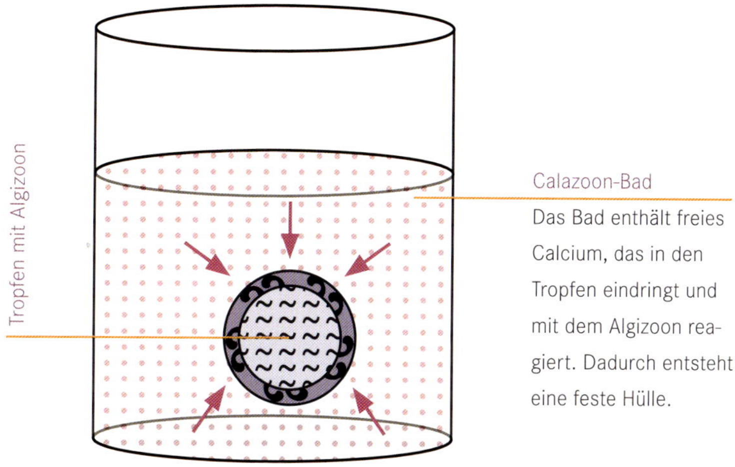

ANLEITUNG

1. 4 gestr. Dosierlöffel Algizoon in 120 ml stilles, calciumarmes Mineralwasser in ein hohes Gefäß (z. B. Messbecher) geben.

TIPP: Calciumarmes Wasser für das Algizoon-Bad verwenden, sonst geliert das Algizoon schon mit dem Wasser und die Verkapselung ist nicht mehr möglich! In Regionen mit hartem Leitungswasser daher gefiltertes oder calciumarmes, stilles Mineralwasser (<91 mg/l) verwenden.

2. Algizoon-Pulver mit einem elektrischen Rührstab vollständig auflösen.

TIPP: Unerwünschte Luftblasen verschwinden, wenn die Lösung für 1–2 Std. kalt steht.

3. Calazoon-Bad: 4 gestr. Dosierlöffel Calazoon in 130 ml Leitungswasser in ein hohes Gefäß (z. B. Messbecher) geben.

4. Calazoon-Pulver mit einem elektrischen Rührstab vollständig auflösen und die Lösung dann in eine kleine Schale einfüllen.

5. 20 ml der Algizoon-Lösung aus (2) mit 40 ml der Flüssigkeit mischen, die verkapselt werden soll (hier im Beispiel Blue-Curaçao-Sirup). Die Mischung in eine Tropfflasche füllen.

6. Mischung aus (5) aus der Tropfflasche in das Calazoon-Bad (4) tropfen. Es entstehen kleine Perlen (Kaviar), die für ca. 30 Sek. in dem Calazoon-Bad schwimmen sollten.

6a. Für größere Drops die Mischung aus (5) mit einem Teelöffel oder einem speziellen Ausgießlöffel (sog. Drop-Löffel) in das Calazoon-Bad aus (4) geben (die Drops können auch nachgeformt werden). Die Drops sollten für 30–60 Sek. in dem Calazoon-Bad verbleiben.

7. Fertige Kapseln mit dem Sieblöffel aus dem Calazoon-Bad schöpfen, in einem separaten Wasserbad abspülen und abtropfen lassen.

TIPP: Härte und Dicke der Hülle der Perlen kann durch die Menge an Calazoon im Calazoon-Bad (je mehr, desto härter wird die Hülle) und durch die Verweildauer der Perlen im Calazoon-Bad (je länger, desto dicker wird die Hülle) verändert werden.

TIPP: Wenn Sie in das Calazoon-Bad etwas von der Flüssigkeit geben, aus der die Drops hergestellt werden, verlieren die Perlen nichts von ihrem Aroma.

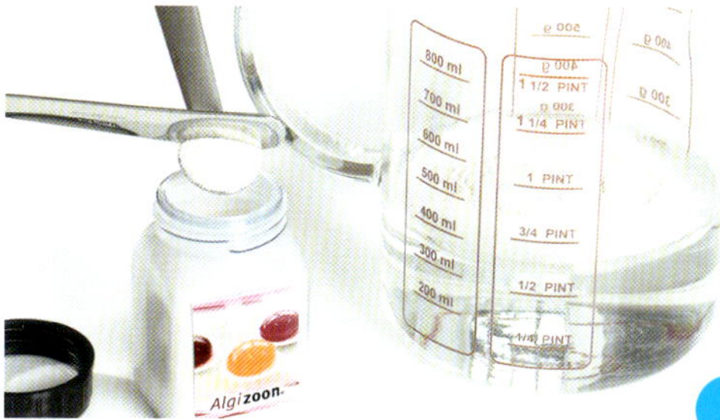

1

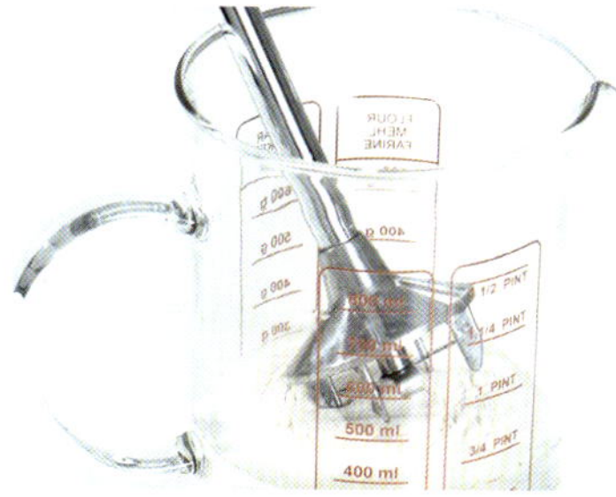

2

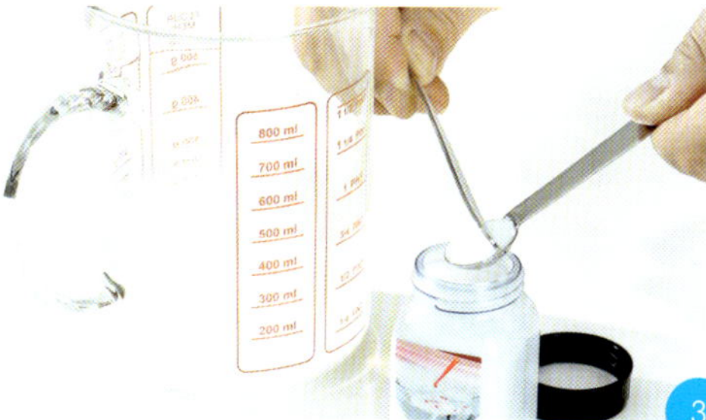

3

4

5

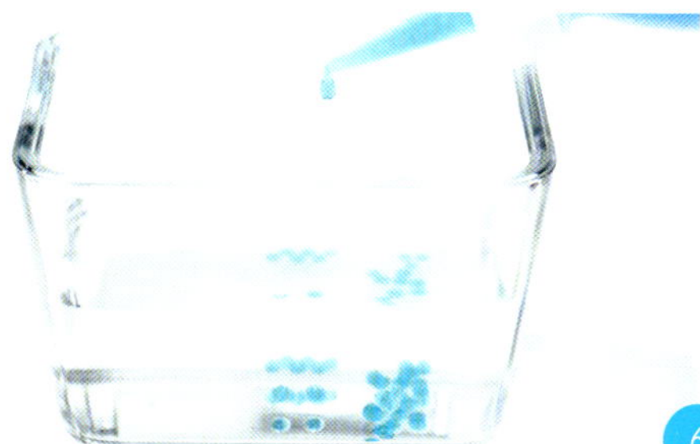

6

7

VARIANTE 2: Eine calciumhaltige oder mit Calazoon versetzte Flüssigkeit wird in das Algizoon-Bad getropft.

Wann sollte Variante 2 angewendet werden?
Wenn Milchprodukte, saure Flüssigkeiten oder kompakte Massen verkapselt werden sollen. In dieser Reihenfolge dauert die Gelierung mehrere Minuten, doch nur so können aus diesen Flüssigkeiten schöne runde Kapseln hergestellt werden.

REZEPTBEISPIELE: Goldene Tiramisu-Eier (Seite 68) oder Erdbeer-Joghurt-Drops (Seite 70).

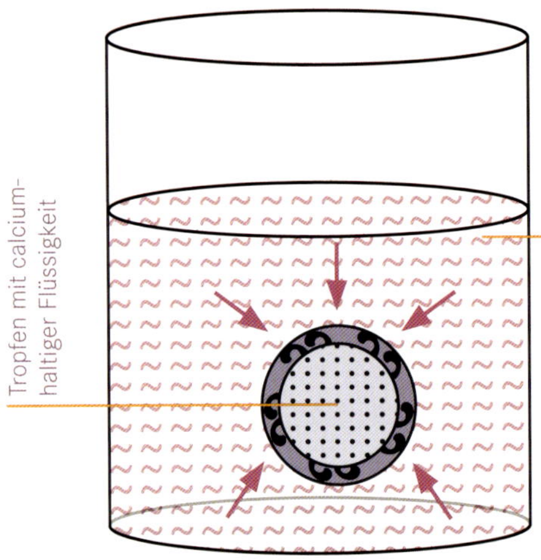

Algizoon-Bad
Das Bad enthält Algizoon, das in den Tropfen eindringt und mit dem darin enthaltenen Calcium reagiert. Dadurch entsteht eine feste Hülle.

ANLEITUNG

1. Algizoon-Bad: 500 ml stilles, calciumarmes Mineralwasser in ein hohes Gefäß (z. B. Messbecher) geben und 4 gestr. Dosierlöffel Algizoon hinzufügen.

TIPP: Calciumarmes Wasser für das Algizoon-Bad verwenden, sonst geliert das Algizoon schon mit dem Wasser und die Verkapselung ist nicht mehr möglich. In Regionen mit hartem Leitungswasser daher gefiltertes oder calciumarmes, stilles Mineralwasser (<91 mg/l) verwenden.

2. Algizoon-Pulver mit einem elektrischen Rührstab vollständig auflösen und die Lösung dann in eine Schale füllen.

TIPP: Unerwünschte Luftblasen verschwinden, wenn die Lösung für 1–2 Std. kalt steht.

3. Calciumhaltige Masse bzw. Flüssigkeit (hier im Beispiel ein Erdbeerjoghurt) mit einem Tee- oder Esslöffel in das Algizoon-Bad aus (2) geben (die Drops können auch nachgeformt werden). Die Kapseln für einige Minuten in dem Algizoon-Bad belassen, bis die Außenhülle fest genug ist.

4. Fertige Kapseln mit dem Sieblöffel aus dem Algizoon-Bad schöpfen, in einem separaten Wasserbad abspülen und abtropfen lassen.

FLOUR
MEHL
FARINE
500 ml
400 ml
300 ml
1/2 PINT
3/4 PINT
1 PINT
1

2

3

Effekte mit Perlglanzpigmenten

PRODUKTE: Pearlazoon RED und GOLD

PRINZIP: Perlazoon RED und GOLD sind Perlglanzpigmente, feine Pulverpartikel, die mit einem Metalloxid beschichtet sind. Diese Metalloxide sind lebensmittelrechtlich zugelassen und für den menschlichen Verzehr völlig ungefährlich! Aufgrund ihrer besonderen Struktur schimmern die Pulver im Licht in roter oder goldener Farbe. Sie geben Ihren Dessert damit einzigartig glänzende und aufsehenerregende Farbeffekte.

REZEPTBEISPIELE: Goldene Tiramisu-Eier (Seite 68) oder Erdbeer-Joghurt-Drops (Seite70).

DOSIERUNG: Je nach gewünschter Farbintensität, 2–3 gestr. Dosierlöffel Perlazoon in 100 ml Flüssigkeit klumpenfrei lösen.

Interaktive Erdbeeren

Konfekt von Vanille und Grand Manier

Birne Helene Redesigned

Calvados Wolke

Erdbeeren mit Basilikumschaum

Vanilleperlen

Rhabarberkaviar in Erdbeer- und Limettenschaum

Rhabarbersülze mit goldener Vanillesauce

Goldenes Himbeer-Holunderblüten-Süppchen

Beerenkaltschale trifft warme Panna Cotta

»Birne Helene« Warmes Birnenragout mit Schokoladenschaum

Schokoladenmousse

Latte-Macchiato-Mousse

Limettensorbet mit Gin-Tonic-Kaviar

Für den einfachen Einstieg

AUSPROBIEREN LOHNT SICH! Die Welt der molekularen Mixologie ist aufregend und neu, dabei ist es gar nicht so schwer Basilikum und Limette in einen Schaum zu verwandeln, Vanille als Perlen zu servieren oder Gin-Tonic-Kaviar herzustellen. Wenn Sie den Anleitungen folgen, kreieren Sie mit etwas Übung aufsehenerregend andere Desserts.

Interaktive Erdbeeren

1. Vorbereitung der Schoko-Balsamico-Masse Die Balsamico-Glace in ein hitzebeständiges Gefäß geben und über Wasserdampf erwärmen. Die dunkle Kuvertüre zugeben, schmelzen lassen und glatt rühren. Zuletzt den Ramazotti und das Calazoon-Pulver zugeben und alles gut vermischen.

2. Vorbereitung des Algizoon-Bades für die umgekehrte Verkapselung 3 gestr. Dosierlöffel Algizoon in einem hohen Gefäß mit 500 ml calciumarmem Mineralwasser mischen (siehe Anleitung auf Seite 22). Das Pulver mithilfe eines elektrischen Rührstabes vollständig auflösen und zum Entweichen der Luftblasen für ca. 1 Std. kühl ruhen lassen.

3. Herstellung der Schoko-Balsamico-Drops Mithilfe eines Teelöffels die Schoko-Balsamico-Masse in vier Portionen so in das Algizoon-Bad gleiten lassen, dass sie als große Tropfen auf den Boden absinkt (siehe Anleitung auf Seite 22). Die Tropfen für ca. 20 Min. in der Flüssigkeit ziehen lassen. Die gelierten Drops mit dem Sieblöffel aus dem Bad nehmen und zum Abspülen des Algizoons in ein klares Wasserbad geben. Die Drops können darin auch lagern, bis sie als Dessert angerichtet werden.

ANRICHTEN Die frischen Erdbeeren in Scheiben schneiden. Einige Scheiben mit jeweils einem großen Schoko-Balsamico-Drop auf Tellern anrichten und nach Wunsch mit Minzblättern und Streifen von der Balsamico-Glace verzieren. Dazu kann eine mit Schoko-Balsamico-Sauce gefüllte Pipette gereicht werden, mit der man die Sauce direkt zu einer Erdbeere in den Mund geben kann.

Zutaten für 4 Personen

50 g Balsamico-Glace, z. B. Schokolade-Ingwer
50 g dunkle Kuvertüre
50 ml Ramazotti
5 gestr. Dosierlöffel Calazoon
3 gestr. Dosierlöffel Algizoon
500 ml stilles, calciumarmes Mineralwasser
8 große, frische Erdbeeren

Zubehör

elektrischer Rührstab
Sieblöffel

Konfekt von Vanille und Grand Marnier

Zutaten für 4 Personen

Schale von 2–3 Bio-Orangen
90 g Zucker
1/2 TL Zitronensäurepulver
4 gestr. Dosierlöffel Iotazoon
1 gestr. Dosierlöffel Locuzoon
Mark von 1/4 Vanilleschote
(Schote für die Garnitur)
100 ml Grand Marnier

Zubehör

Eisförmchen (Würfel oder andere Figuren)

1. Vorbereitung des Orangenschalenpulvers Nur die äußere, orangefarbene Haut der Orangen dünn abschälen. Die Schalen in kaltes Leitungswasser legen, das Wasser erhitzen und die Schalen kurz blanchieren. Diesen Vorgang dreimal wiederholen, danach sollten sie nicht mehr bitter sein.

Aus 40 g Zucker und 100 ml Leitungswasser einen Sirup herstellen und 50 g der Orangenschalen darin kochen, bis der Zucker fest wird. Achtung, der Zucker sollte nicht karamellisieren, d. h. braun werden! Ein Backblech mit Pergamentpapier auslegen, den Orangenzucker daraufstreichen und im Ofen bei 60–70 °C für ca. 2 Std. trocknen. Nach dem Abkühlen kann der Orangenzucker für die spätere Dekoration in kleine Plättchen zerkleinert werden. Oder es wird im Mixer zu feinem Pulver vermahlen, mit dem Zitronensäurepulver vermischt und kühl und trocken gelagert.

2. Herstellung des Grand-Manier-Gelees 50 g Zucker zusammen mit Iotazoon und Locuzoon in einen kleinen Topf geben und in 100 ml Leitungswasser vollständig lösen. Das Vanillemark zugeben und alles kurz aufkochen. Den Grand Marnier erst später zugeben, wenn die Masse etwas abgekühlt ist, und gut vermischen, damit der Alkohol nicht verdampft. Die noch flüssige, warme Masse in Eisformen geben und zum Gelieren kalt stellen (siehe Anleitung auf Seite 14).

ANRICHTEN Die Vanilleschote in schmale Streifen schneiden, das Geleekonfekt aus der Form lösen und jeweils eines auf einen Vanillestreifen ziehen. Mit den Orangenzuckerplättchen verzieren oder mit dem Orangenschalenpulver bestreuen. Das Konfekt kann in einer Glasschale oder auf einem edlen Teller serviert werden.

Birne Helene *Redesigned*

Zutaten für 4 Personen

2–3 Birnen (je nach Größe)
200 g Zucker
100 ml weißer Portwein
100 ml Weißwein
Mark von 1 Vanilleschote

150 g dunkle Kuvertüre
25 g Glucosesirup
25 g Kakaopulver

4 gestr. Dosierlöffel Calazoon
7 gestr. Dosierlöffel Algizoon
120 ml stilles, calciumarmes Mineralwasser

Zubehör

elektrischer Rührstab
Sieblöffel
Tropfflasche
4 Reagenzgläser
Reagenzglasständer

1. Vorbereitung des Birnenshooters Die Birnen schälen und klein würfeln. 150 g Zucker in einem kleinen Topf erhitzen und karamellisieren lassen. Die Birnenwürfel im Karamell kurz glasieren. Portwein, Weißwein und 150 ml Leitungswasser separat mischen und die glasierten Birnen mit der Flüssigkeit ablöschen. Das Vanillemark zugeben und die Birnenstücke im Sud weich kochen. Anschließend den Birnensud mit dem elektrischen Rührstab mixen, passieren und kalt stellen.

2. Vorbereitung der Algizoon- und Calazoon-Lösungen In einem hohen Gefäß das Algizoon-Pulver mit dem elektrischen Rührstab in 120 ml calciumarmes Mineralwasser einrühren und vollständig lösen. Zur Herstellung eines Calazoon-Bades das Calazoon-Pulver in 130 ml Leitungswasser vollständig lösen und in eine Schale geben (Anleitung dazu siehe Seite 20).

3. Vorbereitung der Schokoladenmasse Die dunkle Kuvertüre in ein hitzebeständiges Gefäß geben und über einem Wasserdampfbad schmelzen. 50 g Zucker, den Glucosesirup und das Kakaopulver zugeben und die Schokoladenmasse glatt rühren. Die in Schritt 2 hergestellte Algizoon-Lösung vollständig zu der warmen Schokoladenmasse geben und glatt rühren. Die Masse in eine Tropfflasche füllen und kalt stellen.

4. Herstellung des Schokoladenkaviars Die in Schritt 3 hergestellte Schokoladenmasse in das Calazoon-Bad eintropfen und kleine Schokoperlen (Kaviar) herstellen (siehe Anleitung auf Seite 20). Den Kaviar nach ca. 30 Sek. mithilfe des Sieblöffels aus der Flüssigkeit schöpfen und gut abtropfen lassen.

ANRICHTEN Den Schokoladenkaviar und den Birnenshooter abwechselnd in Reagenzgläser füllen und aufrecht in einen Ständer stellen.

Calvados Wolke

1. Vorbereitung der Apfelhülle Von den Äpfeln das obere Viertel abschneiden und die Äpfel vollständig aushöhlen. Die ausgehöhlten Äpfel in Zitronenwasser einlegen, damit sie nicht braun werden.

2. Herstellung des Calvados-Schaumes Apfelsaft, Calvados und Zucker in eine breite Schale geben und mischen. Das Emulzoon-Pulver zugeben. Basilikumblätter in feine Streifen schneiden und in die Flüssigkeit rühren. Mithilfe eines elektrischen Milchaufschäumers die Oberfläche der Flüssigkeit schaumig aufschlagen (siehe Anleitung auf Seite 18). Den Schaum abschöpfen und bis oben in die ausgehöhlten Äpfel füllen, sodass jeweils eine Schaumwolke auf der Öffnung aufsitzt. Aus der Calvadosflüssigkeit kann nach Wunsch weiterer Schaum aufgeschlagen werden.

ANRICHTEN Die Äpfel auf Tellern anrichten, die Deckel seitlich anlegen. Zur Dekoration jeweils ein Basilikumblatt in die Calvadoswolke setzen.

Zutaten für 4 Personen

4 Äpfel
Zitronensaft
150 ml Apfelsaft
10 ml Calvados
20 g Zucker
ca. 10 große Blätter Basilikum
3 gestr. Dosierlöffel Emulzoon

Zubehör

elektrischer Milchaufschäumer

Erdbeeren mit Basilikumschaum

Herstellung des Basilikumschaumes Basilikum gut abwaschen, etwa acht schöne Blättchen für die Garnitur beiseitelegen, die übrigen zusammen mit Zucker, 100 ml Leitungswasser und Limettensaft in ein hohes Gefäß geben. Die Mischung mit dem elektrischen Rührstab pürieren und anschließend durch einen Sieb passieren.

Das Emulzoon-Pulver mit dem Basilikumsud in eine breite Schale geben und mit einem elektrischen Milchaufschäumer auf der Oberfläche Schaum erzeugen (siehe Anleitung auf Seite 20). Den Schaum abschöpfen und wieder neuen erzeugen.

ANRICHTEN Acht Erdbeeren in Scheiben, die übrigen in kleine Würfel schneiden und etwas zuckern. Vier der Basilikumblätter für die Garnitur in feine Streifen schneiden und mit den gezuckerten Erdbeeren mischen. Einen Löffel der Erdbeerwürfel in die Mitte eines Schälchens setzen, Basilikumschaum darüberlaufen lassen und mit einem Fächer aus dünnen Erdbeerscheibchen und den übrigen Basilikumblättchen ausgarnieren.

Zutaten für 4 Personen

ca. 20 Basilikumblätter
10 g Zucker
Saft von 1/2 Limette
2 gestr. Dosierlöffel Emulzoon
ca. 400 g Erdbeeren

Zubehör

elektrischer Rührstab
elektrischer Milchaufschäumer
Sieb

Vanilleperlen

1. Vorbereitung des Calazoon-Bades Das Calazoon-Pulver in 130 ml Leitungswasser geben und vollständig auflösen (siehe Anleitung auf Seite 20). Die fertige Calazoon-Lösung in eine kleine Schale geben.

2. Vorbereitung der Vanille-Lösung Das Vanillemark mit dem Zucker in 120 ml calciumarmem Mineralwasser lösen und zusammen aufkochen. Das Algizoon-Pulver in die heiße Vanillelösung geben und vollständig auflösen. Abkühlen lassen und in eine Tropfflasche füllen.

3. Herstellung der Vanilleperlen Die abgekühlte Vanillelösung in das Calazoon-Bad eintropfen, sodass kleine runde Perlen entstehen. Diese für ca. 30 Sek. gelieren lassen. Vanilleperlen dann mithilfe des Sieblöffels herausschöpfen und auf Küchenpapier abtropfen lassen.

ANRICHTEN Vanilleperlen auf Happyspoons oder anderen schönen Löffeln anrichten und sofort servieren.

Zutaten für 4 Personen

4 gestr. Dosierlöffel Calazoon
Mark von 2 Vanilleschoten
120 g Zucker
120 ml stilles, calciumarmes Mineralwasser
2 gestr. Dosierlöffel Algizoon

Zubehör

Sieblöffel
Tropfflasche
Happyspoons

Rhabarberkaviar in Erdbeer- und Limettenschaum

Zutaten für 4 Personen
150 g Rhabarber
100 ml stilles, calciumarmes Mineralwasser
100 g Zucker
2 gestr. Dosierlöffel Algizoon
4 gestr. Dosierlöffel Calazoon
120 ml Erdbeersirup
100 ml Limettensirup
8 gestr. Dosierlöffel Emulzoon

Zubehör
elektrischer Rührstab
elektrischer Milchaufschäumer
Sieblöffel
Tropfflasche

1. Vorbereitung des Rhabarbersudes Den Rhabarber schälen und in kleine Würfel schneiden. Mit 100 ml calciumarmen Mineralwasser und dem Zucker aufkochen, bis der Rhabarber weich ist. Abkühlen lassen und durch ein Sieb passieren. 120 ml des Rhabarbersudes in ein hohes Gefäß geben und das Algizoon-Pulver mit dem elektrischen Rührstab vollständig darin auflösen (siehe Anleitung auf Seite 20). Zum Entweichen der Luftblasen für ca. 1 Std. kalt stellen. Anschließend in eine Tropfflasche füllen.

2. Vorbereitung des Calazoon-Bades Das Calazoon-Pulver in 130 ml Leitungswasser geben, vollständig auflösen und in eine kleine Schale geben.

3. Herstellung des Rhabarberkaviars Die in Schritt 1 hergestellte, abgekühlte Rhabarberlösung aus der Tropfflasche in das Calazoon-Bad tropfen (siehe Anleitung auf Seite 20). Die kleinen Kaviarperlen nach ca. 30 Sek. mit dem Sieblöffel herausnehmen und abtropfen lassen.

4. Herstellung des Erdbeer- und Limettenschaums Den Erdbeersirup mit 60 ml Leitungswasser und 4 gestr. Dosierlöffeln Emulzoon in eine breite Schale geben und vollständig vermischen. Mithilfe eines elektrischen Milchaufschäumers die Oberfläche der Flüssigkeit schaumig aufschlagen. Den Schaum abschöpfen, wieder neuen aufschlagen und diesen ebenfalls abschöpfen.

Auf gleiche Weise den Limettensirup mit 100 ml Leitungswasser und 4 gestr. Dosierlöffeln Emulzoon vermischen, die Oberfläche schaumig aufschlagen und den Limettenschaum abschöpfen.

ANRICHTEN Rhabarberkaviar in ein schmales, hohes Glas geben. Zuerst den weißen Limetten- und darauf den roten Erdbeerschaum aufsetzen.

Rhabarbersülze mit goldener Vanillesauce

1. Herstellung der Erdbeer-Rhabarber-Sülze Rhabarber schälen und in kleine Würfel von etwa 5 mm Kantenlänge schneiden, 2 EL für die Dekoration beiseitestellen. Erdbeeren waschen, einige für die Dekoration in Scheiben schneiden und zur Seite legen, die übrigen klein würfeln. Weißwein und 40 g Zucker mischen und zusammen erhitzen. Iotazoon in die heiße Flüssigkeit einrühren und kurz aufkochen lassen (siehe auch Anleitung Seite 14). Die Rhabarberwürfel hinzufügen und die Mischung nochmals vorsichtig aufkochen. Den Topf vom Herd nehmen. Zehn Basilikumblätter in dünne Fäden schneiden und zusammen mit den Erdbeerwürfeln zum heißen Rhabarberfond geben und gut unterrühren. Die noch heiße Masse in Gläser füllen und kühl stellen.

2. Herstellung der goldenen Vanillesauce Bionade, 20 g Zucker, Vanillemark und Limettensaft in einem Topf erwärmen, bis der Zucker gelöst ist. Die Flüssigkeit abkühlen lassen, zuletzt Locuzoon und Perlazoon GOLD einrühren.

ANRICHTEN Die abgekühlte Erdbeer-Rhabarber-Sülze vorsichtig aus den Gläsern stürzen und auf Tellern anrichten. Mit Erdbeerscheiben, Rhabarberwürfeln, Basilikumblättern und Schokoladenspänen dekorieren, zuletzt die Vanillesauce angießen.

Zutaten für 4 Personen

200 g Rhabarber
200 g Erdbeeren
150 ml Weißwein (Riesling)
60 g Zucker
10 gestr. Dosierlöffel Iotazoon
ca. 16 Basilikumblätter

100 ml Bionade Kräuter
Mark von 1 Vanilleschote
2 EL Limettensaft
2 gestr. Dosierlöffel Locuzoon
3 gestr. Dosierlöffel Perlazoon GOLD
Schokoladenspäne zur Dekoration

Goldenes Himbeer-Holunderblüten-Süppchen

Zutaten für 4 Personen

3 gestr. Dosierlöffel Perlazoon GOLD
1 gestr. Dosierlöffel Iotazoon
50 ml Bacardi Razz
Holunderblütensirup
5 kleine, gefrorene Himbeeren
Holunderblüten zur Dekoration

Zubehör

elektrischer Rührstab
Strohhalme

1. Vorbereitung der Goldschicht Perlazoon GOLD und Iotazoon zu 100 ml kaltem Leitungswasser in ein hohes Gefäß geben und mit einem elektrischen Rührstab verrühren, bis sich das Pulver vollständig aufgelöst hat.

2. Zubereitung des Süppchens Den Barcardi Razz mit 200 ml Leitungswasser verdünnen. Die Bacardimischung gleichmäßig auf vier kleine Gläser verteilen. In jedes Glas einen Schuss Holunderblütensirup geben, der sich auf dem Boden absetzt. Mit einer Pipette die Goldschicht auf die Sirupphase geben, sodass in der Mitte des Getränkes eine schwebende Goldschicht entsteht. Zuletzt vorsichtig die gefrorenen Himbeeren auf diese Schwebschicht legen.

ANRICHTEN Die fertigen Suppengläser mit Holunderblüten verzieren und die Süppchen mit Strohhalm servieren. Erst nach dem Verrühren aller Schichten entfaltet sich der vollmundige Geschmack des Süppchens.

Beerenkaltschale trifft warme Panna Cotta

Zutaten für 4 Personen

120 g Zucker
250 ml Milch
100 ml Weißwein, nicht zu trocken
150 ml Sahne
6 gestr. Dosierlöffel Iotazoon
2 gestr. Dosierlöffel Locuzoon
120 g gemischte Beeren
1 / 2 Vanilleschote
2 Basilikumblätter
4 Basilikumspitzen

Zubehör

4 Highball Gläser
(hohe Cocktailgläser)

1. Herstellung der Panna Cotta Die halbe Vanilleschote aufschneiden. Das Mark ausschaben und zusammen mit der Schote, 70 g Zucker, Milch, Sahne und dem Iotazoon in einem Topf verrühren. Langsam aufkochen lassen und dabei gelegentlich umrühren (siehe Anleitung auf Seite 14). Die Vanilleschote herausnehmen und die heiße Panna Cotta auf die vier Gläser verteilen. Zum festen Gelieren dann für ca. 1 Std. kalt stellen.

2. Herstellung der Beerenkaltschale 100 ml Leitungswasser, Locuzoon und 50 g Zucker in einen kleinen Topf geben und unter Rühren kurz aufkochen. Den Topf von der Kochstelle nehmen, die Flüssigkeit etwas abkühlen lassen und erst dann den Weißwein zugeben. Diesen Fond für ca. 1 Std. kalt stellen. Die Basilikumblätter in feine Streifen schneiden und zusammen mit den Beeren unter den Fond heben.

ANRICHTEN Die Panna Cotta kann kalt oder warm serviert werden. Am besten schmeckt es, wenn Sie die Gläser mit der Panna Cotta in einem 50 °C warmen Wasserbad wieder etwas erwärmen, anschließend die Beerenkaltschale auf die warme Panna Cotta geben und mit Basilikumspitzen garnieren.

»Birne Helene« Warmes Birnenragout mit Schokoladenschaum

1. Herstellung des Birnenragouts Birnen schälen, entkernen und halbieren. Die Birnenhälften mit 180 ml Leitungswasser, Weißwein und Zucker in einen Topf geben. Das Mark aus der Vanilleschote kratzen und sowohl dieses als auch die ausgekratzte Vanilleschote zu der Wasser-Wein-Zucker-Mischung hinzufügen und alles kurz aufkochen. Anschließend im geschlossenen Topf bei milder Hitze ca. 20 Min. ziehen lassen. Die Birnen herausnehmen und in Würfel schneiden. Locuzoon zum heißen Fond geben und nochmals aufkochen, vom Herd nehmen und unter Rühren abkühlen. Birnengeist und die Birnenwürfel zugeben und ruhen lassen.

2. Herstellung des Schokoladenschaums Die Kuvertüre klein hacken. Milch mit dem Iotazoon vermischen und unter Rühren aufkochen. Den Topf vom Herd nehmen, die gehackte Kuvertüre zugeben, schmelzen lassen und dabei gut verrühren. Die warme Schokoladenmasse in einen Sahnesiphon geben, zwei Patronen einschrauben und bei Raumtemperatur abkühlen lassen (siehe Anleitung auf Seite 16).

ANRICHTEN Das noch warme Birnenragout auf die Happy Spoons verteilen. Den Schokoladenschaum vorsichtig aufsprühen und sofort servieren.

Zutaten für 4 Personen

2 Birnen (ca. 300 g)
120 ml Weißwein
50 g Zucker
1/2 Vanilleschote
2 gestr. Dosierlöffel Locuzoon
25 ml Birnengeist

300 ml Milch
4 gestr. Dosierlöffel Iotazoon
75 g Kuvertüre mit
70% Kakaoanteil

Zubehör

Sahnesiphon (500 ml) und
2 Patronen
4 Happy Spoons

Schokoladen-mousse

Varinate 1:

Zutaten für 4 Personen

150 ml Milch
150 ml Sahne
5 gestr. Dosierlöffel Iotazoon
120 g weiße Kuvertüre
10 ml Kirschwasser
einige Beeren, Minzblätter oder Schokoladendekor für die Garnitur

Zubehör

Sahnesiphon und 1–2 Patronen

Varinate 2:

Zutaten für 4 Personen

300 ml Milch
120 g Nougat
5 gestr. Dosierlöffel Iotazoon

Zubehör

Sahnesiphon und 1–2 Patronen

Variante 1: Weiße Schokoladenmousse

Herstellung des Schokoladenschaums Milch und Sahne in einem kleinen Topf langsam erwärmen und das Iotazoon-Pulver darin lösen. Die Lösung kurz aufkochen lassen, weiße Kuvertüre zugeben und unter Rühren vollständig schmelzen lassen. Die Mousse abkühlen lassen und erst dann das Kirschwasser hinzufügen. Die Masse in einen Sahnesiphon füllen, mit ein bis zwei Patronen beladen und kalt stellen (siehe auch Anleitung auf Seite 16).

Variante 2: Nougatmousse

Herstellung des Nougatschaums Milch in einem kleinen Topf langsam erwärmen und das Iotazoon-Pulver darin lösen. Anschließend kurz aufkochen lassen, Nougat zugeben und unter Rühren vollständig schmelzen lassen. Die Masse in einen Sahnesiphon füllen, mit ein bis zwei Patronen beladen und auskühlen lassen (siehe auch Anleitung auf Seite 16).

ANRICHTEN VARIANTE 1 + 2: Die weiße Schokoladenmousse oder die Nougatmousse in ein hohes Glas sprühen, mit Beeren und Schokolade dekorieren. Es empfiehlt sich der Einsatz von zwei Patronen für den Siphon, damit die Mousse möglichst locker und luftig gelingt.

Latte-Macchiato-Mousse

1. Herstellung der Kaffeemilchmousse 400 ml Milch und die Kaffeebohnen in einen Topf geben, aufkochen und für ca. 30 Min. ziehen lassen. Die Bohnen abpassieren und 200 ml dieser Kaffeemilch mit 100 g Zucker und der Hälfte des Iotazoon-Pulvers zusammen nochmals kurz aufkochen. Die noch warme Flüssigkeit in einen Sahnesiphon geben, mit einer Patrone füllen und gleichmäßig in vier Gläser sprühen (siehe Anleitung auf Seite 16). Diese dann kalt stellen. Den Sahnesiphon ausspülen, da er auch für die Kaffeemousse benötigt wird.

2. Herstellung der Kaffeemousse Analog zur Herstellung der Kaffeemilchmousse wird der Kaffee mit 50 g Zucker und dem übrigen Iotazoon kurz aufgekocht. Den warmen Kaffee ebenfalls in den Sahnesiphon geben, mit einer Patrone befüllen und zum Abkühlen für ca. 1 Std. in den Kühlschrank stellen.

3. Herstellung des Milchschaumes Das Emulzoon-Pulver in 200 ml kalte Milch einrühren und diese in eine breite Schale gießen. Mithilfe eines elektrischen Milchaufschäumers auf der Oberfläche Schaum erzeugen (siehe Anleitung auf Seite 18). Den Schaum zwischendurch immer wieder abschöpfen und neuen erzeugen.

ANRICHTEN Die Kaffeemousse aus dem Siphon auf die Kaffeemilchmousse in die Gläser sprühen. Den Milchschaum als dritte Schicht oben aufsetzen, sodass eine schöne Krone entsteht.

Zutaten für 4 Personen

600 ml Milch
30 g Kaffeebohnen
140 ml starker, kalter Kaffee
150 g Zucker
6 gestr. Dosierlöffel Iotazoon
3 gestr. Dosierlöffel Emulzoon

Zubehör

Sahnesiphon und
2 Patronen
elektrischer Milchaufschäumer

Limettensorbet mit Gin-Tonic-Kaviar

Zutaten für 4 Personen

4 gestr. Dosierlöffel Calazoon
3 gestr. Dosierlöffel Algizoon
100 ml stilles, calciumarmes Mineralwasser
100 g Isomalt
120 ml Tonicwasser
60 ml Gin
1 EL Limettensaft
2 gestr. Dosierlöffel Perlazoon RED
3 gestr. Dosierlöffel Perlazoon GOLD

Limettensorbet aus dem Handel
Zesten einer unbehandelten Limette

Zubehör

elektrischer Rührstab
Tropfflasche
Sieblöffel
Backpapier

1. Vorbereitung des Calazoon-Bades Das Calazoon-Pulver in 130 ml Leitungswasser vollständig auflösen. Die Lösung in eine kleine Schale geben.

2. Herstellung des Gin-Tonic-Kaviars Das Algizoon-Pulver mit 100 ml calciumarmem Mineralwasser in ein hohes Gefäß geben und mithilfe eines elektrischen Rührstabs vollständig darin auflösen. Algizoon-Lösung, Gin, Tonic, Limettensaft und Perlazoon RED vermischen. Die Mischung mit einer Pipette tropfenweise in das Calazoon-Bad geben, sodass kleine Perlen entstehen. Die Perlen nach ca. 30 Sek. mit dem Sieblöffel aus dem Bad schöpfen, in kaltem Leitungswasser abspülen und auf einem Küchenkrepp abtropfen lassen.

3. Herstellung der goldenen Zuckerornamente Isomalt in einem Topf schmelzen, Perlazoon GOLD zugeben und vorsichtig miteinander vermischen. Sobald alles gelöst ist, mithilfe eines Löffels dünne Streifen auf das Backpapier streichen und auskühlen lassen.

ANRICHTEN Das Limettensorbet auf Tellern anrichten und den schimmernden Gin-Tonic-Kaviar mit einem Löffel anlegen. Zur Dekoration die goldenen Zuckerornamente in das Eis setzen. Eine Zeste der Limette setzt den grünen Farbtupfer.

Schokomousse auf Karottenpapier

Ananassüppchen mit Ananaskaviar und Salbeischaum

Limetten-Tequila-Kapsel mit Salzschaum

Schokoladen-Ingwer-Mousse auf Physalistatar und Kaviar

Ziegenkäsemousse auf Brotchip mit rot-weißem Traubentatar

Baby-Ananas im Karamellmantel

Goldene Tiramisu-Eier

Erdbeer-Joghurt-Drops

Rosmarinpolenta mit flüssigen Erdbeeren und Balsamico

Bunter Fruchtcocktail

Panna-Cotta-Tagliatelle mit Himbeerschaum

Zylinder von der Mango

Frischkäse-Waldmeister-Ei

Kokosrolle

Kokosnudeln

Marzipanröllchen mit Arrakfüllung

Für Fortgschrittene

JETZT WIRD'S RICHTIG INTERESSANT – denn mit den Rezepturen in diesem Kapitel lässt sich das Erlernte weiterentwickeln und perfektionieren. Begeistern Sie Ihre Gäste mit Goldenen Tiramisu-Eiern, Erdbeer-Joghurt-Drops oder einem Ananassüppchen. Es braucht zwar etwas Übung und Gespür fürs Dekorative, aber trotzdem kann jeder der Spaß daran hat, fantastische Ergebnisse erzielen.

Schokomousse auf Karottenpapier

1. Herstellung des Karottenpapiers Die Karotten schälen, klein würfeln und weich kochen. Zusammen mit Safran-Glace, Glucose, Isomalt und 2 gestr. Dosierlöffeln Iotazoon in einem Topf pürieren. Das Püree aufkochen und auf einer Silikonmatte ganz dünn und gleichmäßig ausstreichen. Bei 70 °C für 2 Std. im Ofen trocknen lassen. Die Karottenplatte in Quadrate oder breite Streifen schneiden, einrollen oder zu Spiralen drehen und einige weitere Stunden trocknen lassen.

2. Herstellung der Schokomousse Die Kuvertüre vorsichtig über einem Dampfbad schmelzen und dann aufschlagen. 200 ml Leitungswasser mit Zucker, 3 gestr. Dosierlöffeln Iotazoon und dem Locuzoon-Pulver glatt rühren und dann kurz aufkochen lassen. Die warme Lösung langsam in die Kuvertüre einrühren. Die Schokomasse noch warm in den Sahnesiphon füllen und 2 Patronen eindrehen.

ANRICHTEN Eine Kugel Schokomousse warm auf einen schönen Teller oder in ein Glas schäumen. Das dekorativ gestaltete Karottenpapier dazu anrichten.

Zutaten für 4 Personen

150 g Karotten
40 g Safran-Glace (alternativ Eukalyptusöl)
20 g Glucose
10 g Isomalt
5 gestr. Dosierlöffel Iotazoon
250 g Kuvertüre
50 g Zucker
2 gestr. Dosierlöffel Locuzoon

Zubehör

Sahnesiphon und 2 Kapseln
Silikonmatte

Ananassüppchen mit Ananaskaviar und Salbeischaum

Zutaten für 4 Personen

300 ml Ananassaft
500 ml calciumarmes, stilles Mineralwasser
250 g Zucker
4 g Kartoffelstärke
6 Salbeiblätter
1 gestr. Dosierlöffel Locuzoon
5 gestr. Dosierlöffel Calazoon
3 gestr. Dosierlöffel Algizoon
8 gestr. Dosierlöffel Emulzoon
1 gestr. Dosierlöffel Perlazoon RED

Zubehör

elektrischer Rührstab
elektrischer Milchaufschäumer
Sieblöffel

1. Herstellung des Ananassüppchens In einem kleinen Topf 200 ml Ananassaft und 1 gestr. Dosierlöffel Locuzoon kurz aufkochen und unter Rühren abkühlen lassen. Noch warm auf vier Gläser verteilen und kalt stellen.

2. Vorbereitung des Algizoon-Bades für die umgekehrte Verkapselung Algizoon-Pulver und 100 g Zucker mit dem elektrischen Rührstab im Mineralwasser auflösen (siehe Anleitung Seite 22) und so lange stehen lassen, bis der Schaum sich zurückgebildet hat.

3. Herstellung des roten Ananaskaviars Etwa 10 ml Leitungswasser mit der Kartoffelstärke verrühren und mit 100 ml Ananassaft aufkochen. Nach dem Abkühlen 5 gestr. Dosierlöffel Calazoon sowie das Perlazoon RED in der Flüssigkeit auflösen. Diesen Ananasfond mit einer Pipette in das Algizoon-Bad tropfen, sodass kleine oder große Perlen entstehen (siehe Anleitung Seite 22). Die Perlen nachformen und nach ca. 5 Minuten mithilfe des Sieblöffels aus der Lösung schöpfen. Im klaren Wasserbad abspülen und abtropfen lassen.

4. Herstellung des Salbeischaums 300 ml Leitungswasser, 150 g Zucker und die Salbeiblätter zusammen unter Rühren aufkochen, bis sich der Zucker gelöst hat. Dann abkühlen lassen und die Salbeiblätter herausnehmen. Das Emulzoon-Pulver in den Salbeifond einrühren und die Flüssigkeit in eine flache Schale geben. Mit einem elektrischen Milchaufschäumer auf der Oberfläche Schaum aufschlagen. Den Schaum abschöpfen und nach und nach neuen produzieren.

ANRICHTEN Den roten Ananaskaviar in das Süppchen geben und vorsichtig unterrühren, sodass sie in der Schwebe bleiben. Anschließend den Salbeischaum auf das Süppchen setzen.

Limetten-Tequila-Kapsel mit Salzschaum

Zutaten für 4 Personen

3 gestr. Dosierlöffel Algizoon
100 g Zucker
500 ml calciumarmes, stilles Mineralwasser
150 ml Limettensirup
50 ml Limettensaft
50 ml Tequila
13 g Salz
4 g Kartoffelstärke
5 gestr. Dosierlöffel Calazoon
5 gestr. Dosierlöffel Emulzoon
Limettenscheiben zur Dekoration

Zubehör

elektrischer Rührstab
elektrischer Milchaufschäumer
Sieblöffel

1. Vorbereitung des Algizoon-Bades für die umgekehrte Verkapselung Algizoon-Pulver und Zucker in Mineralwasser auflösen (siehe Anleitung Seite 22) und so lange stehen lassen, bis sich der Schaum zurückgebildet hat.

2. Verkapseln des Limettensaftes Limettensirup, Limettensaft und Tequila vermischen, dann die Kartoffelstärke und das Calazoon-Pulver darin vollständig auflösen. Die Limettenlösung mit einem Löffel in das Algizoon-Bad geben, sodass Perlen in unterschiedlicher Größe entstehen (siehe Anleitung Seite 22). Die Perlen ggf. nachformen und nach ca. 5 Minuten mithilfe des Sieblöffels aus der Lösung nehmen. In einem klaren Wasserbad abspülen und abtropfen.

3. Herstellung des Salzschaumes Das Salz in 500 ml Leitungswasser auflösen und das Emulzoon-Pulver zugeben. Mithilfe eines elektrischen Milchaufschäumers auf der Oberfläche Schaum aufschlagen. Den Schaum abschöpfen und nach und nach neuen produzieren.

ANRICHTEN Kleine Gläser zur Hälfte mit Tequilaperlen füllen, den Salzschaum oben aufsetzen. Die Gläser auf Teller stellen und weitere, möglichst größere Tequilaperlen anlegen.

Schokoladen-Ingwer-Mousse auf Physalistatar und Kaviar

1. Herstellung der Schokoladen-Ingwer-Mousse Milch, Ingwer und Trinkschokolade zusammen aufkochen und abkühlen lassen. Nach 10 Min. den Ingwer abseihen, damit das Aroma nicht zu intensiv wird. Locuzoon und 3 gestr. Dosierlöffel Iotazoon in die abgekühlte Schoko-Ingwer-Milch rühren und nochmals langsam aufkochen. Die heiße Flüssigkeit in den Sahnesiphon geben, zwei Patronen einschrauben und kalt stellen. Die Mousse vor dem Aufsprühen kräftig schütteln.

2. Herstellung des Physalistatars 30 ml Leitungswasser, 30 g Zucker und etwas Zitronensaft zusammen aufkochen und zu den Physalis geben. Die Physalis kurz pürieren und durch ein Sieb passieren.

50 ml des entstandenen Physalissaftes mit 3 gestr. Dosierlöffeln Iotazoon in einem kleinen Topf kurz aufkochen lassen und heiß in eine flache Form gießen. Durch Abkühlen geliert der Saft und wird fest. Das feste Gelee aus der Form nehmen und in kleine Würfel schneiden.

3. Herstellung des Physaliskaviars Algizoon und Zucker mithilfe des elektrischen Rührstabes in Mineralwasser auflösen und so lange stehen lassen, bis der Schaum sich zurückgebildet hat. Die Lösung dann in eine Schale umfüllen (Algizoon-Bad).

Die Stärke mit 5 ml Physalissaft vermengen und in weitere 50 ml Physalissaft einrühren. Den Saft kurz aufkochen und abkühlen lassen. Das Calazoon-Pulver unter Rühren vollständig im kalten Saft lösen und diesen dann in eine Tropfflasche füllen. Den Saft in das Algizoon-Bad eintropfen lassen, sodass kleine Perlen (Kaviar) entstehen. Die Perlen nach 1–2 Min. aus der Flüssigkeit schöpfen und abtropfen lassen.

ANRICHTEN Das Physalistatar auf vier hohe, schlanke Gläser verteilen. Darauf jeweils eine Schicht Schokoladenmousse spritzen. Auf die Mousse einen Löffel Physaliskaviar setzen und mit einer Physalis dekorieren.

Zutaten für 4 Personen

300 ml Milch
8 g Ingwer
20 g Trinkschokolade
1 gestr. Dosierlöffel Locuzoon
6 gestr. Dosierlöffel Iotazoon
130 g Zucker
100 g Physalis
500 ml calciumarmes, stilles Mineralwasser
2 g Kartoffelstärke
Saft von 1 Zitrone
3 gestr. Dosierlöffel Calazoon
4 gestr. Dosierlöffel Algizoon
4 Physalis zur Dekoration

Zubehör

elektrischer Rührstab
Sahnesiphon und 2 Patronen
Tropfflasche
Sieblöffel

Ziegenkäsemousse auf Brotchip mit rot-weißem Traubentatar

Zutaten für 4 Personen

120 ml Beerenauslese vom Riesling (alternativ heller Traubensaft)
110 ml roter Traubensaft
10 gestr. Dosierlöffel Iotazoon
2 Blatt Gelatine
150 ml Milch
150 g Ziegenkäse
30 g Zucker
4 dünne Scheiben Vollkornbrot
20 g Butter
einige Kerbelspitzen

Zubehör

elektrischer Rührstab
Sahnesiphon und 2 Patronen

1. Herstellung des Traubentatars Die Riesling Beerenauslese mit Zucker und 5 gestr. Dosierlöffeln Iotazoon kurz aufkochen und noch heiß in eine flache Form gießen. Zum Abkühlen und Gelieren kalt stellen. Analog den roten Traubensaft mit Iotazoon aufkochen und in einer weiteren Form gelieren lassen. Die festen Gele dann aus den Formen lösen und in kleine Würfel schneiden.

2. Herstellung der Ziegenfrischkäsemousse Gelatine für einige Minuten in kaltem Wasser einweichen. Milch mit dem Ziegenfrischkäse aufkochen und abkühlen lassen. Dann die eingeweichte Gelatine zugeben und vollständig einrühren. Die noch warme Mischung in einen Sahnesiphon geben, zwei Patronen eindrehen und kalt stellen.

ANRICHTEN Die Brotscheiben in Butter rösten, acht Kreise oder andere Formen ausschneiden und je einen auf kleinen Desserttellern anrichten. Auf die Brotscheibe das weiße Traubentatar setzen, dann einen weiteren Brotchip auflegen und mit rotem Traubentatar belegen. Die Türmchen werden gekrönt von aufgespritzter Ziegenkäsemousse. Mit leicht karamellisiertem Zucker und Kerbelspitzen dekorieren.

Baby-Ananas im Karamellmantel

1. Vorbereitung der Baby-Ananas Die beiden Enden der Ananas abschneiden und vom Fruchtkörper die Schale entfernen. Quer halbieren und den Strunk mit einem Apfelentkerner ausstechen. 40 g Zucker in einem flachen, hitzebeständigen Topf schmelzen lassen und die vier Ananasstücke in den Zucker legen. Bei milder Hitze auf beiden Seiten für ca. 1 Min. erhitzen. Den braunen Rum und 50 ml Ananassaft zugeben und den Topf für 6 Min. bei 160 °C Umluft in den Ofen stellen.

2. Herstellung des Karamellmantels Das Iotazoon-Pulver mithilfe eines elektrischen Rührstabes in 200 ml Leitungswasser einrühren, bis das Pulver vollständig aufgelöst ist. 35 g Zucker im Topf schmelzen, bis der Karamell ein wenig schäumt. Sofort vom Herd nehmen und mit der Iotazoon-Lösung ablöschen. Für ca. 2 Min. ziehen lassen. Den Topf wieder auf den Herd stellen und so lange bei niedriger Temperatur köcheln, bis der gesamte Karamell wieder gelöst ist. Die Masse auf ein flaches Blech gießen und zu einem festen Gel abkühlen lassen. Bis zur weiteren Verwendung in den Kühlschrank stellen.

3. Herstellung der Ananasluft Das Emulzoon-Pulver in 100 ml Ananassaft auflösen, die Flüssigkeit in eine breite, flache Schale geben und mithilfe eines elektrischen Milchaufschäumers auf der Oberfläche Schaum aufschlagen. Den Schaum abschöpfen und nach und nach neuen produzieren.

ANRICHTEN Mit einem breiten Pinsel einen Streifen flüssige Schokolade auf die Teller streichen und mit Goldpigmenten bestreuen. Jeweils ein Stück heiße Ananas daneben anrichten. Den Karamellmantel in vier breite Streifen schneiden, die Ananasstücke damit belegen und schließlich die Ananasluft oben aufsetzen. Je nach Geschmack kann der warme Fond als Sauce verwendet werden.

Zutaten für 4 Personen

2 Baby-Ananas
75 g Zucker
30 ml brauner Rum
150 ml Ananassaft
4 gestr. Dosierlöffel Iotazoon
2 gestr. Dosierlöffel Emulzoon
Schokoladensauce und
Perlazoon GOLD zur Dekoration

Zubehör

elektrischer Rührstab
elektrischer Milchaufschäumer
Apfelentkerner

Goldene Tiramisu-Eier

Zutaten für 4 Personen

100 g Mascarpone
15 g Zucker
10 ml Amaretto
6 gestr. Dosierlöffel Calazoon
1 Löffelbiskuit
50 ml kalter Espresso
4 gestr. Dosierlöffel Algizoon
180 ml calciumarmes, stilles Mineralwasser
5 g Kakaopulver
2–3 gestr. Dosierlöffel Perlazoon GOLD

Zubehör

elektrischer Rührstab
Sieblöffel
Happy Spoons

1. Vorbereitung der Tiramisu-Eier Mascarpone, Zucker und Amaretto mit 2 gestr. Dosierlöffeln Calazoon vermischen. Das Löffelbiskuit in kleine Stücke schneiden und diese in kaltem Espresso tränken. Mithilfe von zwei Esslöffeln aus der Mascarponecreme Nocken formen, dabei in die Mitte je ein Stück Biskuit einarbeiten. Die Nocken für ca. 30 Min. bei -18 °C anfrieren.

2. Vorbereitung des goldenen Kakao-Bades Algizoon-Pulver in 120 ml Mineralwasser mithilfe eines elektrischen Rührstabes vollständig auflösen (siehe Anleitung Seite 22). Kakaopulver mit den Perlglanzpigmenten vermengen und in 60 ml Mineralwasser lösen. Dann in einer kleinen Schale 60 ml der Algizoon-Lösung mit der goldenen Kakao-Lösung vermischen.

3. Herstellung des Calazoon-Bades 4 gestr. Dosierlöffel Calazoon in 130 ml Leitungswasser vollständig auflösen und in eine kleine Schale füllen.

4. Verkapseln der Tiramisu-Eier Die angefrorenen Nocken vorsichtig in das goldene Kakao-Bad geben und für ca. 10 Min. einwirken lassen. Dann die Nocken vorsichtig mit dem Sieblöffel aus dem Kakao-Bad schöpfen und in das Calazoon-Bad geben, damit die goldene Kakaohülle fest geliert. Die goldenen Tiramisu-Eier nach ca. 1 Min. wieder aus dem Calazoon-Bad nehmen und abtropfen lassen.

ANRICHTEN Die Tiramisu-Eier auf Happy-Spoons servieren.

Erdbeer-Joghurt-Drops

Zutaten für 4 Personen

100 g Erdbeeren (alternativ andere Früchte)
150 g Joghurt
50 ml Sahne
40 g Zucker
Mark von 1/2 Vanilleschote
2 gestr. Dosierlöffel Locuzoon
5 gestr. Dosierlöffel Calazoon
120 ml Erdbeersirup
2–3 gestr. Dosierlöffel Perlazoon RED
120 ml calciumarmes, stilles Mineralwasser
4 gestr. Dosierlöffel Algizoon

Zubehör

elektronischer Rührstab
runde Eiswürfelformen
Sieblöffel

1. Vorbereitung der Erdbeer-Joghurt-Drops Erdbeeren waschen, zupfen und in kleine Würfel von etwa 5 mm Größe schneiden. Joghurt, Sahne, Zucker, Vanillemark, Locuzoon und Calazoon nacheinander in einen Topf geben und unter Rühren kurz aufkochen, bis sich der Zucker und das Locuzoon vollständig aufgelöst haben. Den Topf vom Herd nehmen und abkühlen lassen. Erdbeerwürfel vorsichtig unterheben, die Masse in runde Eiswürfelformen füllen und für ca. 4 Std. bei -18 °C tiefkühlen.

2. Vorbereitung der Geleehülle Erdbeersirup und Perlazoon RED im calciumarmen Mineralwasser lösen und das Algizoon-Pulver zugeben. Das Pulver mithilfe eines elektrischen Rührstabes vollständig auflösen. Die Lösung zum Entweichen der Luftblasen für einige Zeit ruhen lassen (siehe Anleitung auf Seite 22) und schließlich in eine kleine Schale umfüllen.

3. Herstellung des Calazoon-Bades Das Calazoon-Pulver in einer Schale mit 130 ml Leitungswasser auflösen.

4. Verkapseln der Erdbeer-Joghurt Drops Die Drops vorsichtig aus den Eiswürfelformen nehmen und im gefrorenen Zustand in das rote Algizoon-Bad geben. Dort für ca. 20 Min. einwirken lassen und gelegentlich vorsichtig umrühren. Die Drops dann mithilfe des Sieblöffels aus dem roten Algizoon-Bad schöpfen und sofort in das Calazoon-Bad eintauchen (siehe Anleitung Seite 20), kurz mit kaltem Wasser abspülen und auf Küchenpapier abtropfen lassen.

ANRICHTEN Die rot strahlenden Erdbeer-Drops mit aufgeschnittenen Früchten dekoriert auf kleinen weißen Tellern oder auf Happy-Spoons anrichten.

Rosmarinpolenta mit flüssigen Erdbeeren und Balsamico

1. Herstellung der Rosmarinpolenta Die Rosmarinnadeln fein hacken und zusammen mit Milch, Grieß und 1 gestr. Dosierlöffel Iotazoon in einen Topf geben. Unter ständigem Rühren aufkochen. Die heiße Masse in Tarteletteförmchen oder Ringe füllen. Abgedeckt bei Zimmertemperatur abkühlen und fest gelieren lassen.

2. Vorbereitung des Algizoon-Bades Algizoon-Pulver im calciumarmen Mineralwasser mithilfe eines elektrischen Rührstabes vollständig auflösen (siehe Anleitung Seite 22). Dann die Lösung in eine kleine Schale geben und für einige Zeit zum Entweichen der Luftblasen ruhen lassen.

3. Herstellung der flüssigen Erdbeeren Die Erdbeeren mit ca. 20 g Zucker, 2 gestr. Dosierlöffel Iotazoon, Calazoon und 60 ml Leitungswasser vermischen, pürieren und durch ein Sieb passieren. Das Püree mit einem Löffel in das Algizoon-Bad geben und für einige Minuten ziehen lassen, bis sich eine feste Geleeschicht ausgebildet hat. Die Drops dann mit dem Sieblöffel herausnehmen, in klarem Wasser abspülen und abtropfen.

4. Herstellung der Balsamicoluft Das Emulzoon-Pulver in einer Mischung aus 80 ml Leitungswasser und 20 ml Balsamico auflösen, die Lösung in eine breite, flache Schale geben und mithilfe eines elektrischen Milchaufschäumers auf der Oberfläche Schaum aufschlagen. Den Schaum abschöpfen und nach und nach neuen produzieren.

5. Herstellung der Balsamicosauce 40 ml Balsamico, 10 ml Leitungswasser, 30 g Zucker und das Locuzoon-Pulver in einem kleinen Topf so lange erwärmen, bis sich der Zucker vollständig aufgelöst hat. Dann abkühlen lassen.

ANRICHTEN Die Polenta auf Tellern anrichten und die Balsamciosauce mit einem kleinen Löffel um die Polenta ziehen. Je nach Größe der Polenta 3–5 flüssige Erdbeeren anlegen und mit der Balsamicoluft vollenden. Die Polenta kann vor dem Anrichten im Ofen nochmals kurz erwärmt und warm serviert werden.

Zutaten für 4 Personen

15 Nadeln Rosmarin
315 ml Milch
35 g Polentagrieß
3 gestr. Dosierlöffel Iotazoon
4 gestr. Dosierlöffel Algizoon
500 ml calciumarmes, stilles Mineralwasser
5 gestr. Dosierlöffel Calazoon
200 g Erdbeeren
50 g Zucker
60 ml Balsamico
2 gestr. Dosierlöffel Emulzoon
1 gestr. Dosierlöffel Locuzoon

Zubehör

Tartelettförmchen oder Metallringe
elektrischer Rührstab
elektrischer Milchaufschäumer
Sieblöffel

Bunter Fruchtcocktail

Zutaten für 4 Personen

200 ml heller Traubensaft
40 g Zucker
Mark von 1/2 Vanilleschote
2 gestr. Dosierlöffel Iotazoon
1 gestr. Dosierlöffel Locuzoon
80 ml Blue Curaçao
40 ml stilles, calciumarmes Mineralwasser
4 gestr. Dosierlöffel Algizoon
4 gestr. Dosierlöffel Calazoon
80 g Erdbeerwürfel
80 g Mangowürfel
80 g Kiwiwürfel
80 g Physalis, geviertelt (alternativ Fruchtwürfel nach Geschmack)
5 Minzblätter in Streifen
4 Physalis und 4 Minzblätter zur Dekoration

Zubehör

elektrischer Rührstab
4 Cocktailgläser

1. Herstellung des Fruchtcocktails Traubensaft, Zucker, Vanillemark, Iotazoon und Locuzoon in einem Topf unter Rühren kurz aufkochen. Den Saft dann kalt stellen. Die Minze in Streifen schneiden und mit den Fruchtwürfelchen in den abgekühlten Saft mischen. Die Mischung gleichmäßig auf vier Cocktailgläser verteilen. Die Fruchtcocktails wieder kalt stellen.

2. Herstellung des Calazoon-Bades Das Calazoon-Pulver in 130 ml Leitungswasser auflösen und die Flüssigkeit in eine kleine Schale geben.

3. Herstellung der Blue-Curaçao-Perlen Blue Curaçao, Mineralwasser und Algizoon-Pulver mischen und mit einem elektrischen Rührstab das Pulver vollständig auflösen (siehe Anleitung Seite 22). Zum Entweichen der Luftblasen einige Zeit ruhen lassen.

Die Blue-Curaçao-Lösung mithilfe einer Pipette in das Calazoon-Bad eintropfen und kleine Perlen herstellen. Die Perlen mit dem Sieblöffel abschöpfen und abtropfen lassen.

ANRICHTEN Die blauen Perlen auf den Cocktailgläsern anrichten und mit Physalis und Minzblättern garnieren.

Panna-Cotta-Tagliatelle mit Himbeerschaum

1. Herstellung der Panna-Cotta-Tagliatelle Gelatine im kalten Wasser einweichen. Sahne, Zucker und Vanilleschote in einen kleinen Topf geben und unter Rühren erwärmen. Der warmen Sahne 10 gestr. Dosierlöffel lotazoon und 2 gestr. Dosierlöffel Locuzoon zusetzen, gut verrühren und kurz aufkochen lassen. Die heiße Panna Cotta auf eine Silikonmatte (oder auf ein mit Folie ausgelegtes Backblech) gießen, glatt verstreichen und auskühlen lassen (siehe Anleitung auf Seite 14).

2. Herstellung des Himbeerschaums Himbeersirup, 1 gestr. Dosierlöffel Locuzoon und 3 gestr. Dosierlöffel lotazoon in ein hohes Gefäß geben und mit dem Handrührgerät auf höchster Stufe für 2–3 Min. schaumig schlagen. Zum Schluss die noch gefrorenen Himbeeren zugeben und nochmals mit dem Handrührgerät gut vermischen.

ANRICHTEN Das kalte Panna-Cotta-Gelee auf der Matte in feine Streifen schneiden und auf Tellern zu kleinen Nestern anrichten. Den Himbeerschaum als Sauce angießen. Mit Himbeeren, Limettenschalen und Schokoladenspänen verzieren.

Zutaten für 4 Personen

300 ml Sahne
30 g Zucker
1 Vanilleschote
100 ml Himbeersirup
2 Blatt Gelatine
13 gestr. Doserlöffel lotazoon
3 gestr. Dosierlöffel Locuzoon
20 g gefrorene Himbeeren
Himbeeren und Schokoladenspäne für die Dekoration
Schale 1 unbehandelten Limette, fein gerieben

Zubehör

Silikonmatte
elektrisches Handrührgerät

Zylinder von der Mango

Zutaten für 4 Personen

300 g Mangowürfel
80 g Zucker
1/2 TL Cayennepfeffer
100 ml Buttermilch
Saft von 1 1/2 Limetten
Mark von 1 Vanilleschote
4 gestr. Dosierlöffel Emulzoon
5 gestr. Dosierlöffel Calazoon
1 gestr. Dosierlöffel Algizoon
5 reife Kiwis
50 ml Sahne
4 gestr. Dosierlöffel Iotazoon
4 gestr. Dosierlöffel Locuzoon
1 Flasche Prosecco
Tasmanischer Pfeffer und Streifen von der Kiwischale zur Dekoration

Zubehör

elektrischer Rührstab
elektrischer Milchaufschäumer
Tropfflasche
Sieblöffel
4 zylindrische Formen

1. Herstellung des Mangozylinders Mangowürfel mit Zucker, dem Saft einer Limette und 50 ml Leitungswasser pürieren, dann Sahne, Iotazoon und Locuzoon zugeben und alles zusammen kurz aufkochen. Cayennepfeffer zugeben die heiße Masse in zylindrische Formen gießen. Zum festen Gelieren auskühlen lassen (siehe Anleitung Seite 14).

2. Herstellung des Buttermilchschaumes Buttermilch mit 100 ml Leitungswasser, einem Viertel des Limettensaftes, Vanillemark und Emulzoon mischen und in eine breite, flache Schale geben. Mithilfe eines elektrischen Milchaufschäumers auf der Oberfläche Schaum aufschlagen, diesen dann abschöpfen und beliebig oft neuen aufschlagen (siehe Anleitung Seite 18).

3. Herstellung der Kiwiperlen Calazoon-Pulver in 130 ml Leitungswasser vollständig auflösen und in eine kleine Schale gießen. Kiwis schälen und in kleine Stücke schneiden. 30 g Zucker dazugeben und mithilfe eines elektrischen Rührstabes pürieren. Das Püree dann durch ein Küchensieb passieren. Zu 60 ml des frisch hergestellten Kiwisaftes 1 gestr. Dosierlöffel Algizoon zugeben, mithilfe des elektrischen Rührstabes vollständig im Kiwisaft auflösen und ruhen lassen, bis die Luftbläschen entwichen sind.

Die Kiwi-Lösung mit einer Pipette tropfenweise in das Calazoon-Bad geben und für ca. 60 Sek. im Bad lassen, bis sich eine feine Haut gebildet hat. Die Perlen mit dem Sieblöffel aus dem Bad nehmen, mit klarem Wasser abspülen und abtropfen lassen.

ANRICHTEN Mangozylinder aus den Formen nehmen und auf Tellern anrichten. Buttermilchschaum aufsetzen und mit Tasmanischem Pfeffer verzieren. Die Kiwiperlen in mit Prosecco gefüllte Sektgläser geben und zum Mangozylinder servieren.

Frischkäse-Waldmeister-Ei

1. Vorbereitung der Frischkäsemasse (am Vortag) Den Waldmeister fein hacken. Mit Frischkäse, Zucker, Vanille und Calazoon mischen. Zur vollständigen Aromaentfaltung am besten über Nacht an einem kalten Ort ziehen lassen.

Den Honig erwärmen und die Frühlingszwiebeln über Nacht darin marinieren.

2. Vorbereitung des Algizoon-Bades Algizoon-Pulver in 500 ml calciumarmes Mineralwasser mithilfe eines elektrischen Rührstabs vollständig auflösen (siehe Anleitung Seite 22). Die Lösung in eine kleine Schale gießen und für einige Zeit zum Entweichen der Luftblasen ruhen lassen.

3. Herstellung der Waldmeister-Eier Mit einem Löffel die Waldmeistereimasse abstechen und mit etwas Schwung in das Algizoon-Bad gleiten lassen. Ab und zu vorsichtig wenden. Wenn sich eine leichte Haut gebildet hat, das Ei mit dem Sieblöffel aus dem Bad nehmen, kurz in kaltem Wasser abspülen und abtropfen lassen.

ANRICHTEN Waldmeister-Eier auf kleinen Tellern anrichten und mit etwas Rohrzucker bestreuen. Die eingelegten Zwiebeln anlegen und das Dessert mit jungen Waldmeisterköpfen dekorieren. Sticht man das Ei an, sollte es direkt auslaufen.

Zutaten für 4 Personen

15 g Waldmeister (alternativ 45 ml Waldmeistersirup)
140 g Frischkäse
50 g Zucker
Mark von 1/2 Vanilleschote
2 gestr. Dosierlöffel Calazoon
100 g Tannenblüten-Honig
100 g kleine, rote Frühlingszwiebeln
4 gestr. Dosierlöffel Algizoon
500 ml calciumarmes, stilles Mineralwasser
Rohrzucker und frischer Waldmeister zur Dekoration

Zubehör

elektrischer Rührstab
Sieblöffel

Kokosrolle

Zutaten für 4 Personen

75 g Zucker
240 ml Kokosmilch
20 ml Ingwersaft
1 Prise Salz
10 gestr. Dosierlöffel Iotazoon
4 gestr. Dosierlöffel Locuzoon
2 Blatt Gelatine
100 g Bananenpüree
1/2 Grenadilla
(süße Passionsfruchtsorte)
2 gestr. Dosierlöffel
Perlazoon RED
50 g saure Sahne
Mark von 1/2 Vanilleschote
20 g Veilchen
50 g Schmand
5 gestr. Dosierlöffel Emulzoon
Kresse
Erdbeeren
Muscovadozucker

Für die Variante mit den Maulbeerenspießen

100 g Zucker
20 g getrocknete Maulbeeren

Zubehör

elektrischer Milchaufschäumer
elektrischer Rührstab
Silikonmatte
Spieße

1. Herstellung der Kokosrolle Kokosmilch und Ingwersaft mit 50 g Zucker, einer Prise Salz, Iotazoon und Locuzoon vermischen und unter Rühren kurz aufkochen. Die heiße Masse auf einer Silikonmatte oder einem Backblech dünn ausgießen und kalt stellen.

Für die Füllung zunächst die Gelatine in kaltem Wasser quellen lassen. Bananenpüree mit dem Fruchtfleisch einer halben Grenadilla, der sauren Sahne, dem Vanillemark und Perlazoon RED vermischen, die Gelatine zugeben und alle Zutaten glatt rühren. Die Fruchtfüllung gleichmäßig auf die abgekühlte Kokosfolie ausstreichen. Diese dann vorsichtig zusammenrollen und in 3 cm breite Streifen schneiden.

2. Herstellung des Veilchenschaums Die Veilchen mit 25 g Zucker und 125 ml Leitungswasser in ein hohes Gefäß geben, pürieren und durch ein Küchensieb passieren. Das Veilchenwasser in eine breite, flache Schale füllen, das Emulzoon hinzufügen und dann mithilfe des elektrischen Milchaufschäumers auf der Oberfläche Schaum erzeugen. Diesen abschöpfen und neuen erzeugen (siehe Anleitung Seite 18).

Variante mit Maulbeerenspießen Zunächst Läuterzucker herstellen: Dazu 100 g Zucker in 100 ml Leitungswasser gelöst. Die getrockneten Maulbeeren für ca. 10 Std. darin einlegen. Die gequollenen Beeren auf Spieße stecken.

ANRICHTEN Die Kokosrollen auf Teller stellen und den Veilchenschaum oben aufsetzen. Den Maulbeerenspieß, wenn gemacht, dazu anrichten. Besonders schön sieht es aus, wenn Sie den Teller abschließend mit einer Linie aus Schmand, frischen Erdbeeren, Kresse und Muscovadozucker dekorieren. Wer mag, kann das Fruchtfleisch von 4–5 weiteren Grenadilla dazu verteilen und den Teller mit einem Streifen der Grenadillaschale verzieren.

Kokosnudeln

Zutaten für 4 Personen

3 Blatt Gelatine
400 g Kokosmilch
10 gestr. Dosierlöffel Iotazoon
6 gestr. Dosierlöffel Locuzoon
4 gestr. Dosierlöffel Algizoon
500 ml stilles, calciumarmes Mineralwasser
180 g Johannisbeersirup
2 gestr. Dosierlöffel Calazoon
250 g gemischte Waldbeeren
10 g Isomalt
frische Limettenblätter
frische Zitronenthymianblätter

Zubehör

Sieblöffel
elektrischer Rührstab
Silikonmatte

1. Herstellung der Kokosnudeln Gelatine in kaltem Wasser quellen lassen. Kokosmilch mit dem Iotazoon und 4 gestr. Dosierlöffeln Locuzoon kalt glatt rühren, unter Rühren langsam aufkochen und dann heiß auf ein gefettetes Backblech gießen. Zum festen Gelieren kalt stellen. Die kalte Masse dann in dünne Streifen (Nudeln) schneiden.

2. Herstellung des Algizoon-Bades Für die umgekehrte Verkapselung (siehe Anleitung auf Seite 22) zunächst ein Algizoon-Bad herstellen. Dazu das Algizoonpulver in einem hohes Gefäß mithilfe eines elektrischen Rührstabs in dem Mineralwasser vollständig auflösen. Die Lösung in eine kleine Schale umfüllen und zum Entweichen der Luftblasen für ca. 1 Std. kalt stellen.

3. Herstellung der Johannisbeerdrops Johannisbeersirup mit Calazoon und 2 gestr. Dosierlöffeln Locuzoon unter Rühren kurz aufkochen und abkühlen lassen. Den kalten Sirup mit einem Teelöffel in das Algizoon-Bad geben und die Kapseln für ca. 10 Min. darin ziehen lassen, bis die Außenhülle fest genug ist. Die Drops mit dem Sieblöffel vorsichtig herausschöpfen, in einem klaren Wasserbad abspülen und auf einem Küchenpapier abtropfen lassen. Die gesamte Johannisbeermasse zu Drops verarbeiten.

4. Herstellung des Karamells 120 g Waldbeeren pürieren und mit dem Isomalt zusammen erhitzen, bis eine zähe Masse entsteht. Diese auf der Silikonmatte ausgießen und abkühlen lassen. Den festen Karamell dann in Stücke brechen.

ANRICHTEN Die Kokosnudeln zu einem Nest auf dem Teller anrichten und die Johannisbeerdrops oben aufsetzen. Weitere gezuckerte Waldbeeren und den Karamell darüber verteilen. Zuletzt mit frischen Blättern von Limette und Zitronenthymian dekorieren.

Marzipanröllchen mit Arrakfüllung

Zutaten für 4 Personen

150 g Erdbeerpüree
2 gestr. Dosierlöffel Locuzoon
200 ml Milch
90 g Zucker
1 gemahlene Tonkabohne
8 gestr. Dosierlöffel Iotazoon
100 g Marzipan
1 gestr. Dosierlöffel Calazoon
50 ml Arrak (Reisbranntwein)
100 g Frischkäse
1 Prise Salz
Shizokresse
frische, dunkle Minze

Zubehör

Eisglasform aus Silikon
elektrischer Rührstab
Silikonmatte

1. Vorbereitungen Eisglasform mit Leitungswasser füllen und gefrieren.

Erdbeerpüree mit Locuzoon in einen Topf geben und unter Rühren kurz aufkochen. 100 g des Pürees dünn auf einer Silikonmatte ausstreichen und im Backofen bei 80 °C trocknen. Den Rest abkühlen lassen und für die Dekoration aufbewahren.

2. Herstellung des Milchgranités Milch mit 50 g Zucker, der gemahlenen Tonkabohne und 3 gestr. Dosierlöffeln Iotazoon vermischen und unter Rühren kurz aufkochen. Die Milch abkühlen lassen, mit einem elektrischen Rührstab kräftig aufschäumen und den Milchschaum dann einfrieren.

3. Herstellung der Marzipanrölichen Das Marzipan mit 200 ml Leitungswasser in einem Topf schmelzen, 5 gestr. Dosierlöffel Iotazoon und das Calazoon zugeben und unter Rühren kurz aufkochen. Die heiße Masse auf einer Silikonmatte dünn ausgießen und zum festen Gelieren kalt stellen.

Für die Füllung den Arrak mit dem Frischkäse, 40 g Zucker, einer Prise Salz vermengen und dünn auf die feste Marzipanschicht streichen. Die Marzipanfolie vorsichtig zusammenrollen und in 3 cm lange Stücke schneiden.

ANRICHTEN Das gefrorene Milchgranité in das Eisglas füllen und auf einen großen Teller platzieren. Daneben die Marzipanröllchen anrichten und mit Streifen des Erdbeerpürees, der Shizokresse und den frischen Minzblättern verzieren.

Komposition aus Schokolade und Apfel
Heiße Honigbohnen
Mohn-Espuma und Wan Tan
Schoko-Rote-Bete mit Spaghettini aus heller Kuvertüre
Schokoravioli »Schwarzwälder Kirschtorte«
Erdbeerkomposition
Heiße Kirsch-Sphäre auf fruchtigem »Milchreis«
Schokoladenkomposition
Weißes Kirschsanddreieck

Kleine Heraus-forderungen

ATEMBERAUBENDE KUNSTWERKE – die einzelnen Komponenten der tollen Leckereien erfordern oftmals einiges an Zeit, Arbeit und Liebe zum Detail. Das Ergebnis entschädigt jedoch den Aufwand und die Mühen sind schnell vergessen, wenn die Kompositionen mit Genuss auf der Zunge explodieren.

Komposition aus Schokolade und Apfel

Zutaten für 4 Personen

260 g grünes Apfelpüree
50 g Isomalt
5 g Glucose
38 gestr. Dosierlöffel lotazoon
ca. 2 g Sushi-Essigpulver
2 Blatt Gelatine
20 g Zucker
7 gestr. Dosierlöffel Locuzoon
200 ml Sahne
380 g helle Kuvertüre
20 g Kakaobutter
250 g dunkle Kuvertüre
20 g Rohrzucker
400 ml Milch
100 g Honig

Zubehör

Rohr (Ø ca. 5 cm)
Silikonmatte
2 Sahnesiphons und
2 Patronen

1. Herstellung der Apfelschleife 150 g Apfelpüree, Isomalt, Glucose und 1 gestr. Dosierlöffel lotazoon zusammen in ein hitzebeständiges Gefäß geben und bei 80 °C über dem Wasserbad zu einer homogenen Masse reduzieren. Ein Backblech mit einer Silikonmatte auslegen und die Masse darauf in vier dünne Streifen von ca. 3 x 20 cm ausstreichen. Die Apfelmasse im Ofen bei 125 °C für 22 Min. trocknen. Mit etwas Essigpulver bestreuen und weitere 22 Min. bei 125 °C trocknen. Die Streifen 10–20 Sek. auskühlen lassen und auf ein Rohr drehen.

2. Herstellung der Apfel-Spaghetti Gelatine in kaltem Leitungswasser einweichen. 110 g des Apfelpürees mit 66 ml Leitungswasser, Zucker, 6 gestr. Dosierlöffeln lotazoon und 1 gestr. Dosierlöffel Locuzoon zusammen in ein hitzebeständiges Gefäß geben und bei 80 °C über dem Dampfbad zu einer homogenen Masse reduzieren. Die ausgedrückte Gelatine zugeben und in der heißen Apfelmasse vollständig auflösen. Die Masse flach auf einer Silikonmatte ausstreichen, abkühlen und fest werden lassen. Zuletzt in dünne Streifen (Spaghetti bzw. Tagliatelle) schneiden.

»»

3. Herstellung der Spaghetti aus heller und dunkler Kuvertüre 100 ml Sahne, 80 g helle Kuvertüre, 10 g Kakaobutter mit 7 gestr. Dosierlöffeln Iotazoon und 1 gestr. Dosierlöffel Locuzoon zusammen in ein hitzebeständiges Gefäß geben und bei 80 °C über dem Dampfbad vollständig schmelzen lassen. Die Masse flach auf einer Silikonmatte ausstreichen, abkühlen und fest werden lassen. Ebenfalls in Spaghetti schneiden.

Analog dazu werden die Spaghetti aus dunkler Kuvertüre hergestellt. Dazu 100 ml Sahne, 50 g dunkle Kuvertüre, den Rohrzucker, 10 g Kakaobutter mit 6 gestr. Dosierlöffeln Iotazoon und 1 gestr. Dosierlöffel Locuzoon zusammen über dem Dampfbad erhitzen. Dann verfahren wie bei der Herstelllung der hellen Spaghetti.

4. Herstellung der warmen Sülze aus Schokoladenmousse In zwei Töpfchen jeweils 200 ml Milch mit je 9 gestr. Dosierlöffeln Iotazoon und 2 gestr. Dosierlöffeln Locuzoon erhitzen. Für die dunkle Schokoladenmousse 100 g Honig und 200 g dunkle Kuvertüre unter ständigem Rühren über dem Dampfbad in der Milch schmelzen; für die helle Mousse 300 g helle Kuvertüre in gleicher Weise schmelzen. Die heißen Schokomassen in Sahnesiphons füllen und jeweils mit 1 Patrone beladen. Vor dem Aufsprühen kräftig schütteln.

ANRICHTEN Die Spaghettis als farblich getrennte oder gemischte Nester um die Apfelschleife auf Tellern anrichten. Die noch warme Schokoladenmousse farblich getrennt in ein Glas sprühen und dazu servieren.

Heiße Honigbohnen

Zutaten für 4 Personen
10–15 Physalis
30 ml Akazienhonig
90 ml stilles, calciumarmes Mineralwasser
200 ml Vanillesojamilch
2 gestr. Dosierlöffel Algizoon
4 gestr. Dosierlöffel Calazoon
4 gestr. Dosierlöffel Iotazoon
1 gestr. Dosierlöffel Locuzoon
100 ml Kokosmilch
50 ml Sahne
30 ml Batida de Coco
50 g Zucker
3 Blatt Gelatine
Kakaopulver
20 ganze Kakaobohnen
Minzblätter zur Dekoration

Zubehör
Sieblöffel
elektrischer Rührstab
Silikonmatte

1. Vorbereitung der getrockneten Physalis Ca. 10 Physalis von ihren Blütenblättern befreien und bei 90 °C für 2 1/2 Std. im Backofen trocknen.

2. Vorbereitung des Sojamilchgranités Sojamilch und Iotazoon in einem kleinen Topf kurz aufkochen und abkühlen lassen. Die kalte Milch mithilfe eines elektrischen Rührstabes aufschäumen. Den Schaum auf einem Backblech oder einer Silikonmatte ausgießen und gefrieren lassen.

3. Herstellung des Kokosgelees Gelatine in kaltes Wasser einlegen und quellen lassen. Kokosmilch, Sahne, Zucker und Batida de Coco zusammen in einen Topf geben, das Locuzoon hinzufügen, gut verrühren und kurz aufkochen lassen. Topf vom Herd nehmen, Gelatineblätter ausdrücken und vollständig in die heiße Kokosmasse rühren. Das Kokosgelee in ein hitzebeständiges Gefäß füllen und kühl stellen, bis es fest geworden ist.

4. Herstellung des Calazoon-Bades Das Calazoon-Pulver in 130 ml Leitungswasser auflösen und die Flüssigkeit in eine kleine Schale geben.

5. Herstellung der Honigbohnen Akazienhonig, das calciumarme Mineralwasser und Algizoon in ein hohes Gefäß geben und mithilfe des elektrischen Rührstabes vermischen. Zum Entweichen der Luftblasen sollte die Lösung für ca. 1 Std. kühl stehen.

Honigmasse auf einen Löffel geben, eine getrocknete Physalis hineinlegen und den Löffelinhalt mit einem leichten Schwung in das Calazoon-Bad gegeben. Nach 2–3 Min. die Kapseln mithilfe des Sieblöffels aus dem Bad schöpfen und in ein 60 °C heißes Wasserbad geben.

ANRICHTEN Die einzelnen Komponenten auf einem großen Teller abwechselnd in Reihen anrichten. Das Kokosgelee dazu in 1x1 cm große Würfel schneiden und mit dem Kakaopulver bestreuen. Aus dem gefrorenen Sojamilchgranité mithilfe von zwei Teelöffeln Gnocchi formen und die heißen Honigbohnen frisch aus dem Wasserbad nehmen, abtropfen und anrichten. Zur Dekoration dienen die Bruchstücke grob zerkleinerter Kokaobohnen, frische Physalis und Minzblätter.

Mohn-Espuma und Wan Tan

1. Herstellung des Mohn-Espuma 250 ml Milch, 75 g Zucker und 25 g Honig in einen Topf geben und gut verrühren. Mohn, Vanilleextrakt, Salz, Bittermandelaroma, Limettenzesten und 4 gestr. Dosierlöffel Iotazoon zugeben und die Mischung unter Rühren kurz aufkochen. Abkühlen lassen, in einen Sahnesiphon füllen und mit zwei Patronen befüllen (siehe Anleitung Seite 16). Den Mohn-Espuma in vier kleine Gläser sprühen, sodass sie zu drei Vierteln gefüllt sind.

2. Herstellung des Milchschaums Analog zum Mohn-Espuma 250 ml Milch mit 50 g Zucker, Zitronensaft und 4 gestr. Dosierlöffeln Iotazoon unter Rühren kurz aufkochen und in einen Sahnesiphon füllen. Diesen mit zwei Patronen beladen und zum Abkühlen in den Kühlschrank stellen. Den kalten Milchschaum auf den Mohn-Espuma sprühen.

3. Herstellung des Fruchtgelees Den Pflaumensaft mit 2 EL Zucker und 2 gestr. Dosierlöffeln Locuzoon kurz erhitzen und unter Rühren etwas abkühlen lassen. Noch warm in vier kleine Gläser füllen, sodass sie halb gefüllt sind.

Nach dem gleichen Verfahren das Johannisbeerpüree mit 2 EL Zucker und 2 gestr. Dosierlöffeln Locuzoon erhitzen und nach dem Abkühlen auf den gelierten Pflaumensaft laufen lassen.

4. Herstellung des frittierten Wan-Tan-Teiges Wan-Tan-Teig in ca. 5 cm lange Streifen schneiden. Reichlich Sesamöl in einer Pfanne stark erhitzen (auf ca. 180 °C) und die Teigstreifen darin frittieren. Abschöpfen, auf einem Küchenpapier abtropfen lassen und mit Puderzucker bestreuen. Auch die frittierten Teigstreifen dann in vier kleine Gläser füllen.

ANRICHTEN Jedem Gast jeweils drei Dessertgläser servieren: Mohn-Espuma mit Milchkrone, dekoriert mit frischem Estragon, ein Glas Fruchtgelee, mit einer gefriergetrockneten Mangosteen garniert, und schließlich ein Glas mit den frittierten Wan-Tan-Streifen.

Zutaten für 4 Personen

500 ml Milch
165 g Zucker
50 g Honig
3 EL Mohn
20 g Vanilleextrakt
Zesten von 1 unbehandelten Limone
8 gestr. Dosierlöffel Iotazoon
Saft von 1/2 Zitrone
150 ml Pflaumensaft
4 gestr. Dosierlöffel Locuzoon
150 ml Johannisbeerpüree
Bittermandelaroma
1 Prise Salz
10 Blatt Wan-Tan-Teig
Sesamöl
Puderzucker
frischer Estragon und Mangosteen zur Dekoration

Zubehör

Sahnesiphon und 4 Patronen
12 kleine Gläser, z. B. Weckgläser

Schoko-Rote-Bete mit Spaghettini aus heller Kuvertüre

Zutaten für 4 Personen

100 g helle Kuvertüre
200 g Sahne
100 g Marzipan
7 gestr. Dosierlöffel Iotazoon
3 gestr. Dosierlöffel Locuzoon
210 g Rote Bete, gegart
50 g Isomalt
5 g Glucose
ca. 2 g Sushi-Essigpulver
5 gestr. Dosierlöffel Calazoon
4 gestr. Dosierlöffel Algizoon
120 ml stilles, calciumarmes Mineralwasser
20 g Honig
8 Physalis, gefroren

Zubehör

Rohrstück (Ø ca. 5 cm)
elektrischer Rührstab
Sieblöffel
Silikonmatte oder Backpapier

1. Herstellung der Spaghettini aus heller Kuvertüre Die helle Kuvertüre in einem Topf schmelzen lassen. Sahne und Marzipan zugeben und mit der Kuvertüre glatt rühren. Das Iotazoon und 2 gestr. Dosierlöffel Locuzoon hinzufügen und alle Zutaten zusammen kurz aufkochen. Die heiße Masse auf ein mit einer Silikonmatte oder Backpapier ausgelegtes Blech geben, dünn ausstreichen und kühl stellen. Die erkaltete Masse in dünne Streifen schneiden.

2. Herstellung der Rote-Bete-Schleife Die gekochte Rote Bete zunächst pürieren und 60 g des Pürees zur Herstellung der Perlen beiseitestellen. Isomalt und Glucose in einem Topf bei ca. 80 °C anschmelzen, das Rote-Bete-Püree, 1 gestr. Dosierlöffel Locuzoon und 1 Msp. Sushi-Essigpulver untermischen und alles zusammen zu einer homogenen Masse einkochen lassen. Die Masse auf einem mit einer Silikonmatte oder Backpapier ausgelegten Blech ausstreichen und in vier breite Streifen schneiden. Bei 125 °C 22 Min. lang trocknen. Mit Essigpulver bestreuen und für weitere 25 Min. trocknen. Die noch warmen Streifen ganz schnell um das Rohr legen und abkühlen lassen.

3. Herstellung der Rote-Bete-Perlen Das Calazoon-Pulver in einem hohen Gefäß in 130 ml Leitungswasser mithilfe des elektrischen Rührstabes vollständig lösen. Die Lösung in eine Schale füllen.

Das Algizoon-Pulver mit dem elektrischen Rührstab in dem Mineralwasser vollständig lösen. Die 60 g Rote-Bete-Püree und den Honig hinzufügen und alle Zutaten glatt rühren. Die Mischung mit einem Tee- oder Esslöffel in das Calazoon-Bad tropfen lassen und Kapseln herstellen. Nach ca. 1 Min. die fertigen Perlen mit dem Sieblöffel aus dem Bad nehmen und auf einem Küchentuch trocknen.

ANRICHTEN Die Spaghettini in der Mitte der Teller zu einem Nest zusammen drehen und jeweils eine Rote-Bete-Schleife oben aufsetzen. Die Rote-Bete-Perlen gleichmäßig auf alle Portionen verteilen und die Dekoration mit den gefrorenen Physalis abrunden.

Schokoravioli »Schwarzwälder Kirschtorte«

Zutaten für 4 Personen

550 g fein pürierte Kirschen
50 g Isomalt
5 g Glucose
29 gestr. Dosierlöffel Iotazoon
ca. 2 g Sushi-Essigpulver
11 Blatt Gelatine
600 g Sahne
25 g Kakao
50 g Trinkschokoladenpulver
6 gestr. Dosierlöffel Locuzoon
50 g dunkle Kuvertüre
300 g Honig
frische oder gezuckerte Kirschen zur Dekoration

Zubehör

Silikonmatte oder Backpapier
Rohrstück (ca. 5 cm Durchmesser)
runde Ausstechform

1. Herstellung der Kirschschleife 150 g der pürierten Kirschen zusammen mit Isomalt, Glucose und 1 gestr. Dosierlöffel Iotazoon bei 80 °C über dem Dampfbad erhitzen und glatt rühren. Die Kirschmasse auf einer Silikonmatte in vier gleichmäßigen Streifen dünn ausstreichen. Im vorgeheizten Backofen bei 125 °C für 15 Min. trocknen lassen, mit etwas Essigpulver bestreuen und für weitere 15 Min. trocknen. Die Kirschstreifen kurz auskühlen lassen und auf ein Rohr drehen.

2. Herstellung der Schokoravioli Drei Blatt Gelatine im kalten Wasser einweichen. 200 g Sahne mit Kakao und Schokopulver kalt vermischen und über dem Dampfbad zu einer homogenen Masse rühren und dabei bis auf 80 °C erwärmen. 8 gestr. Dosierlöffel Iotazoon und 2 gestr. Dosierlöffel Locuzoon mit 100 g kalter Sahne separat glatt rühren und zur heißen Kakaomasse geben. Gelatine aus dem Wasserbad nehmen, fest ausdrücken und unter die heiße Schokomasse rühren. Zuletzt die Kuvertüre darin schmelzen und die gesamte Masse sofort auf einer Silikonmatte dünn ausgießen. Kalt stellen und fest werden lassen.

»

3. Herstellung der Sahnefüllung Drei Blatt Gelatine im kalten Wasser einweichen. 200 g Sahne mit 200 g Honig über dem Dampfbad unter ständigem Rühren auf 80 °C erwärmen. 10 gestr. Dosierlöffel Iotazoon und 2 gestr. Dosierlöffel Locuzoon mit 100 g kalter Sahne verrühren und sofort zur warmen Sahne geben. Gelatine fest ausdrücken und zur Masse geben, glatt rühren und sofort auf einer Silikonmatte dünn ausgießen. Kalt stellen und fest werden lassen.

4. Herstellung der Kirschfüllung Fünf Blatt Gelatine im kalten Wasser einweichen. 300 g Kirschpüree mit 100 g Honig über dem Dampfbad unter ständigem Rühren auf 80 °C erwärmen. 10 gestr. Dosierlöffel Iotazoon und 2 gestr. Dosierlöffel Locuzoon mit 100 g kaltem Kirschpüree glatt rühren und unter das heiße Püree mischen. Die Gelatine ausdrücken und in dem Püree auflösen. Die heiße Kirschmasse auf einer Silikonmatte dünn ausstreichen und kalt stellen.

ANRICHTEN Die Schokoravioli, die gelierte Sahnefüllung und die Kirschfüllung rund ausstechen und auf Tellern abwechselnd übereinander anrichten. Jeden Turm mit einer Kirschschleife und frischen oder gezuckerten Kirschen dekorieren.

Erdbeer-komposition

Zutaten für 4 Personen

200 ml Milch
8 gestr. Dosierlöffel Iotazoon
100 ml Buttermilch
100 g Naturjogurt
250 g frische Erdbeeren
10 gestr. Dosierlöffel Algizoon
550 ml stilles, calciumarmes Mineralwasser
190 ml Balsamico
100 g Zucker
2 g Salz
12 gestr. Dosierlöffel Calazoon
1 gestr. Dosierlöffel Locuzoon
120 ml Grand Marnier
20 g frischer grüner Pfeffer
1 Msp. Ascorbinsäure
2 gestr. Dosierlöffel Emulzoon
brauner Zucker
abgeriebene Schale und Zesten
1 unbehandelten Limette

Zubehör

elektrischer Rührstab
elektrischer Milchaufschäumer
Sahnesiphon und 2 Patronen
Dessertringe
Sieblöffel
Happy Spoons
Gourmetbrenner

1. Herstellung des Joghurt-Buttermilch-Schaums mit Erdbeeren Die Milch mit 6 gestr. Dosierlöffeln Iotazoon unter Rühren kurz aufkochen und vom Herd nehmen. Buttermilch und Joghurt zugeben, verrühren und die heiße Masse in einen Sahnesiphon füllen. Ein bis zwei Patronen eindrehen, schütteln und kalt stellen.

Die Hälfte der Erdbeeren in Scheiben schneiden. Einen Dessertring innen mit Pergamentpapier auslegen, Erdbeerscheiben am Innenrand aufschichten und mit dem Joghurt-Buttermilch-Schaum aus dem Siphon füllen. Die gefüllten Dessertringe direkt für 1–2 Stunden tiefkühlen.

2. Vorbereitung des Algizoon-Bades 4 gestr. Dosierlöffel Algizoon in 500 ml Mineralwasser mithilfe eines elektrischen Rührstabes vollständig auflösen. Die Lösung in eine Schale umfüllen und zum Entweichen der Luftblasen für ca. 1 Std. in den Kühlschrank stellen.

3. Herstellung der Balsamico-Sphären Den Balsamico mit 50 ml Leitungswasser und 50 g Zucker in einen kleinen Topf geben. Salz, 6 gestr. Dosierlöffel Calazoon, 2 gestr. Dosierlöffel Iotazoon und 1 gestr. Dosierlöffel Locuzoon zugeben und alles zusammen unter Rühren kurz aufkochen. Die Lösung dann abkühlen lassen.

Mit einem Tee- oder Esslöffel die abgekühlte Balsamico-Lösung in das Algizoon-Bad tropfen, sodass große runde Perlen entstehen. Diese ca. 5 Min. darin baden, bis ihre Außenhülle fest geliert ist. Die Balsamico-Perlen mit dem Sieblöffel abschöpfen, in einem Bad aus klarem Leitungswasser abspülen und abtropfen lassen.

»»

4. Vorbereitung des Calazoon-Bades 6 gestr. Dosierlöffel Calazoon in 200 ml Leitungswasser vollständig auflösen. Die Lösung in eine kleine Schale umfüllen.

5. Herstellung von Erdbeeren in Grand-Marnier-Sphären 50 g Zucker mit 6 gestr. Dosierlöffeln Algizoon in 50 ml Mineralwasser mit dem elektrischen Rührstab lösen. Den Grand Marnier zugeben und die Flüssigkeit glatt rühren. Jeweils eine kleine ganze Erdbeere auf einen Tee- oder Esslöffel legen, in die Grand-Marnier-Lösung eintauchen und den Löffel damit auffüllen, sodass die Erdbeere vollständig von der Lösung umhüllt ist. Alles zusammen in das Calazoon-Bad hineingleiten lassen, damit die Grand-Manier-Lösung außen fest geliert und die Erdbeere in der Sphäre einschließt. Die Sphäre für ca. 2 Min. im Bad belassen, dann mithilfe des Sieblöffels abschöpfen, in klarem Leitungswasser abspülen und abtropfen lassen.

6. Herstellung der Luft aus grünem Pfeffer Die Pfefferkörner mit 200 ml Leitungswasser und der Ascorbinsäure in ein hohes Gefäß geben und pürieren. Das Püree durch ein feines Sieb passieren und den Fond in eine breite, flache Schale füllen. Das Emulzoon-Pulver zugeben und mit einem elektrischen Milchaufschäumer auf der Oberfläche Schaum aufschlagen. Diesen dann abschöpfen und nach Belieben neuen aufschlagen.

ANRICHTEN Die tiefgekühlten Ringe des Joghurt-Buttermilch-Schaums mit braunem Zucker bestreuen und mit dem Gourmetbrenner karamellisieren. Limettenschalen darüber reiben und den Ring und das Pergamentpapier vorsichtig herauslösen. Auf großen Tellern anrichten.

Große Erdbeeren aushöhlen und jeweils Luft aus grünem Pfeffer aufsetzen. Die Balsamico-Sphären und in Grand Manier eingeschlossene Erdbeeren auf Happy-Spoons oder direkt auf dem Teller anrichten. Mit grünen Pfefferkörnern und Limettenzesten dekorieren.

Heiße Kirsch-Sphäre auf fruchtigem »Milchreis«

1. Herstellung des Apfelreises 4 gestr. Dosierlöffel Iotazoon und 2 gestr. Dosierlöffel Locuzoon zu dem Apfelsaft in einen kleinen Topf geben und unter Rühren kurz aufkochen. Das Zimtpulver unterrühren. Die heiße Masse dünn auf einer Silikonmatte ausstreichen und zum Gelieren abkühlen lassen. Die feste Apfelschicht in dünne Streifen und diese wiederum in kleine Stücke schneiden, die wie kleine Reiskörner wirken. Kühl in einer verschlossenen Schale aufbewahren.

2. Herstellung des Milchschaums Milch und Zucker in einen Topf geben, Vanillezucker und 4 gestr. Dosierlöffel Iotazoon untermischen und alle Zutaten unter Rühren kurz aufkochen. Die heiße Milch dann in einen Sahnesiphon füllen und diesen mit zwei Patronen befüllen. Den Milchschaum sollte kurz abkühlen (evtl. in einem kalten Wasserbad), aber noch warm in eine Schüssel gesprüht werden. Darin vollständig abkühlen lassen und den Apfelreis unterheben.

3. Vorbereitung des Algizoon-Bades In einem hohen Gefäß mit dem elektrischen Rührstab 4 gestr. Dosierlöffel Algizoon vollständig in dem calciumarmen Mineralwasser lösen. Die Lösung in eine Schale umfüllen und zum Entweichen der Luftblasen für ca. 1 Std. in den Kühlschrank stellen.

4. Herstellung der heißen Kirschsphäre 1 gestr. Dosierlöffel Locuzoon und das Calazoon-Pulver zum Kirschsaft in einen kleinen Topf geben und unter Rühren kurz aufkochen. Den Saft in ein anderes Gefäß umfüllen und kalt stellen. Den kalten Kirschsaft mit einem Tee- oder Esslöffel in das Algizoon-Bad tropfen, sodass mind. 4 große runde Perlen entstehen. Die Perlen bzw. Sphären sollten für ca. 5 Min. im Bad verweilen, bis sich eine feste Außenhülle gebildet hat. Die Kirsch-Sphären mithilfe des Sieblöffels herausnehmen und in einem Bad mit klarem Wasser abspülen.

ANRICHTEN Den gekühlten Apfelmilchreis auf vier kleine Weckgläser oder andere Glasschalen aufteilen. Die Kirsch-Sphären kurz vor dem Servieren in einem heißen Wasserbad oder in der Mikrowelle erwärmen, jeweils eine oben auf den kühlen Apfelreis setzen und das Dessert dann sofort servieren.

Zutaten für 4 Personen

200 g Apfelsaft
8 gestr. Dosierlöffel Iotazoon
3 gestr. Dosierlöffel Locuzoon
1/2 TL Zimt
400 ml Milch
50 g Zucker
1 Pck. Vanillezucker
4 gestr. Dosierlöffel Algizoon
500 ml stilles, calciumarmes Mineralwasser
5 gestr. Dosierlöffel Calazoon
200 g Kirschsaft

Zubehör

Silikonmatte
Sahnesiphon und 2 Patronen
elektrischer Rührstab
Sieblöffel
4 kleine dekorative Weckgläser

Schokoladen-komposition

1. Herstellung der Schokomousse mit Salz und Kokospulver Die Schokolade zerkleinern. Die Hälfte der Schokostückchen beiseitestellen. 400 ml Milch mit 6 gestr. Dosierlöffeln Iotazoon und 1 gestr. Dosierlöffel Locuzoon aufkochen, über die andere Hälfte der Schokolade geben und diese darin auflösen. Die Flüssigkeit in einen Sahnesiphon füllen. Den Siphon mit zwei Patronen befüllen und in einem kalten Wasserbad nur leicht abkühlen lassen. Die Schokomousse noch warm in einer Schale aufschäumen.

Mithilfe zweier Esslöffel aus der Schokomousse Gnocchis formen. Diese dann mit etwas Maldonsalz bestreuen und mit feinem Kokospulver panieren. Gnocchis für 30–60 Min. im Gefrierschrank anfrieren.

2. Herstellung der gefrorenen Schokoladenluft mit Kardamom Den Kardamom in 250 ml Milch im elektrischen Mixer oder mithilfe des Rührstabes zerkleinern und anschließend durch ein Sieb passieren. Die Milch unter Rühren kurz aufkochen und den Rest der zerkleinerten Schokolade darin auflösen. 5 gestr. Dosierlöffel Emulzoon-Pulver in die heiße Schokoladenmilch einrühren und die Flüssigkeit mit einem elektrischen Rührstab oder Milchaufschäumer aufschäumen. Diese Schokoladenluft für ca. 1 Min. stabilisieren lassen, mit einem Löffel abschöpfen und in die kleinen, gefrierbeständigen Schälchen füllen. Neue Luft kann nach und nach aufgeschäumt werden. Die Schälchen sofort tiefkühlen.

»

Zutaten für 4 Personen

200 g Schokolade (70% Kakaoanteil)
650 ml Milch
10 gestr. Dosierlöffel Iotazoon
2 gestr. Dosierlöffel Locuzoon
Maldonsalzkristalle
ca. 50 g Kokospulver (oder gemahlene Kokosraspeln)
2 Kardamomschoten
8 gestr. Dosierlöffel Emulzoon
3 Eukalyptusbonbons
2 g Matcha-Tee-Pulver
Sechuan Button (auch Parakresse Jambu genannt)

Zubehör

Sahnesiphon und 2 Patronen
4 kleine gefrierbeständige Schälchen
elektrischer Mixer oder Rührstab
elektrischer Milchaufschäumer

3. Herstellung von elektrischem Eukalyptus-Pulver Die Eukalyptusbonbons in 200 ml heißem Leitungswasser vollständig auflösen. 4 gestr. Dosierlöffel lotazoon und 1 gestr. Dosierlöffel Locuzoon einrühren, die Flüssigkeit kurz aufkochen und im Kühlschrank abkühlen und fest gelieren lassen. Das feste Gelee zerkleinern und dann einfrieren.

4. Herstellung der Luft aus Matcha-Tee 200 ml Leitungswasser auf ca. 70 °C erhitzen, das Matcha-Tee-Pulver darin auflösen und abkühlen lassen. 3 gestr. Dosierlöffel Emulzoon zugeben und mit dem elektrischen Rührstab oder Milchaufschäumer auf der Oberfläche schaumig schlagen. Die Luftblasen für ca. 1 Min. stabilisieren lassen und mit einem Löffel abschöpfen. Weitere Luft kann nach und nach neu erzeugt werden.

ANRICHTEN Die Gnocchis aus Schokomousse mit Salz und Kokospulver auf Tellern anrichten. Auf die Schälchen mit gefrorener Schokoluft die Luft aus Matcha-Tee setzen und jeweils ein Schälchen zu den Gnocchis reichen. Kurz vor dem Servieren das gefrorene Eukalyptusgelee neben und auf der Schokoladenkomposition verteilen und jeden Teller mit Sechuanblüten verzieren.

Weißes Kirschsanddreieck

Zutaten für 4 Personen

100 g Zucker
100 g Butter
3-4 Tropfen Rosmarinöl
Mark einer 1/2 Vanilleschote
1 Prise Salz
50 g Mehl
50 g Mondamin
2 kleine Eier
10 ml Kirschwasser
100 g Frischkäse
250 g weiße Schokoglasur
20 ml Sahne
80 g dunkle Kuvertüre (ca. 55 % Kakaoanteil)
5 gestr. Dosierlöffel Calazoon
100 ml Amarena-Kirschsaft
50 ml stilles, calciumarmes Mineralswasser
2 gestr. Dosierlöffel Algizoon
Fliederblüten, Rosmarinspitzen, Amarenakirschen und Schokoladenraspel zur Dekoration

Zubehör

elektrischer Rührstab
runde Ausstechform (3-4 cm Durchmesser)
Spritzbeutel
Tropfflasche
Sieblöffel

1. Herstellung der Sandmasse Zunächst Zucker, Butter, 3-4 Tropfen Rosmarinöl, Vanille und Salz in ein hohes Gefäß geben und mit dem elektrischen Handrührgerät leicht schaumig schlagen. Nach und nach Mehl, Mondamin, Volleipulver und Kirschwasser hinzufügen. 1 EL Frischkäse beiseitestellen, den übrigen Frischkäse zur Masse geben und alles gut verrühren. Den Backofen auf 180 °C vorheizen.

Die Sandmasse auf ein mit Backpapier ausgelegtes Bleche dünn aufstreichen und bei 180 °C für ca. 15 Min. backen. Abkühlen lassen und mit dem beiseitegestellten Frischkäse dünn und gleichmäßig bestreichen. Die Sandmasse tiefkühlen.

Die weiße Schokoglasur über dem Wasserbad auflösen. Die vollständig gefrorene Sandmasse in vier Dreiecke schneiden. In der Mitte der Dreiecke gleichmäßige Kreise ausstechen und das gesamte Dreieck mit der Schokoladenglasur überziehen. Anschließend kühl lagern.

2. Herstellung der Ganache Sahne in einem kleinen Topf erwärmen, dunkle Kuvertüre zugeben und darin schmelzen lassen. Die Masse in einen Spritzbeutel füllen und die Löcher der Dreiecke damit gleichmäßig ausfüllen. Anschließend kalt stellen.

»

3. Vorbereitung des Calazoon-Bades Das Calazoon-Pulver mithilfe des elektrischen Rührstabs in 130 ml Leitungswasser vollständig lösen. Die Lösung dann in eine kleine Schale füllen.

4. Herstellung des Amarena-Kaviar Den Amarena-Kirschsaft mit dem Mineralwasser und dem Algizoon-Pulver in ein hohes Gefäß geben und mit dem elektrischen Rührstab verrühren, bis das Pulver vollständig aufgelöst ist. Zum Entweichen der Luftblasen für ca. 1 Stunde kalt stellen.

Die Flüssigkeit in die Tropfflasche füllen und dann nach und nach in das Calazoon-Bad tropfen lassen. Nach ca. 1 Minute sollten die Kaviarperlen mithilfe des Sieblöffels entnehmen und auf Küchenpapier abtropfen lassen.

ANRICHTEN Die Kirschsanddreiecke auf Tellern aufstellen. Den Amarena-Kaviar anlegen und mit Fliederblüten, Rosmarinspitzen, Amarenakirschen und Schokoladenraspeln dekorieren.

ADRESSEN DER PATISSIERS

HEIKO BRAUN
Gourmet HomeService
Zugspitzstr.12
82407 Wielenbach
www.gourmet-homeservice.com

CHRISTOPH DEIMEL
Hotel-Restaurant
Waldhaus Wilhelm
Kalmithöhenstraße 6
67487 Maikammer/Pfalz
www.waldhaus-wilhelm.de

HENDRIK GÖDJE
Kontorhaus am Markt
Langenstr. 2-4
28195 Bremen
www.topaz-bremen.de

AXEL HERZ
Le Royal Méridien
Hamburg
An der Alster 52-56
20099 Hamburg
www.lemeridien.com
www.barline.de

MATTHIAS LUDWIGS
Franzstraße 69
50935 Köln
www.matthiasludwigs.de

DAVID TZSCHIRNER
hot and cold – finest catering
Am Steingarten 9
35510 Butzbach
www.hot-cold.net

ATTILA VARNAGY
MARTIN DITTRICH
GO Gaststättenbetriebs GmbH
Europaplatz 1a
4020 Linz, Österreich

BEZUGSQUELLEN A - Z

ARRAK (REISWEIN) Asia-Laden; www.bosfood.de

ASCORBINSÄURE/VIT.C (PULVER) Apotheke

AUSSTECHRINGE www.gaumenshop.de; www.backformen-shop.de/shop; www.edelstahl-in-bestform.de

BALSAMICO-GLACE Supermarkt; METRO

SCHOKOLADE-INGWER www.wiberg.at

DESSERTRINGE www.backformen-shop.de/shop

DROPLÖFFEL www.biozoon.de/shop

ERDBEERSIRUP Supermarkt (z. B. Real)

EUKALYPTUSÖL Apotheke

GLUCOSE www.bosfood.de

GLUCOSESIRUP www.bosfood.de

HAND-FLAMBIER-BRENNER www.bosfood.de; www.inter-gastro.de

HAPPY SPOONS www.biozoon.de/shop

HIGHBALL GLAS www.cocktailstar.de

HIMBEERSIRUP Supermarkt (z. B. Real)

HOLUNDERBLÜTENSIRUP www.bosfood.de

ISOMALT www.bosfood.de

KAKAOBUTTER www.bosfood.de

KARDAMOMSCHOTEN www.bosfood.de

KERBELSPITZEN www.kraeuterhaus.net; www.gourmondo.de

LIMETTENSIRUP Supermarkt (z. B. Real)

MALDONSALZKRISTALLE www.bosfood.de

MANGOSTEEN, FRISCH Asia-Laden (saisonal)

MATCHA-TEE-PULVER www.bosfood.de

MAULBEEREN, GETROCKNET www.bosfood.de

MUSCOVADOZUCKER www.bosfood.de; Dritte-Welt-Laden

REAGENZGLAS www.lms.de; www.carlroth.de

REAGENZGLASSTÄNDER www.carlroth.de

SAFRAN-GLACE www.bosfood.de

SECHUAN BUTTON (Parakresse Jambu) www.tomatenmitgeschmack.de

SHIZOKRESSE Asia-Laden; METRO; guter Gewürzhändler

SIEBLÖFFEL www.biozoon.de/shop

SILIKONMATTEN www.gaumenshop.de

SUSHI-ESSIGPULVER www.bosfood.de; Asia-Laden

TASMANISCHER PFEFFER www.bosfood.de

TONKABOHNEN www.bosfood.de; Apotheke

TROPFFLASCHE www.biozoon.de/shop

VANILLESOJAMILCH Reformhaus

WALDMEISTERSIRUP Supermarkt (z. B. Real)

WECKGLÄSER www.shop-weck.de; www.glaeserundflaschen.de

ZITRONENSÄURE (PULVER) Supermarkt; Apotheke

Alle TEXTURGEBER für die aufgeführten Desserts und den auf S. 7 beschriebenen BAUSATZ finden Sie bei www.biozoon.de/shop

Rezeptregister

Sachregister

IMPRESSUM

Rezepte
Siehe Verzeichnis S. 114

Alle weiteren Texte
Gabriele Randel, Köln

Fotografie
Antje Plewinski, Berlin
www.plewinski-fotografie.de

Mit Ausnahme nachfolgender Bilder und Illustrationen
Sabrina Glasmacher auf den Seiten 7, 25, 81
Jeanne van Stuyvenberg auf den Seiten 19, 22

Lektorat und Projektleitung
Angela Thomaschik

Herstellung
Janine Becker

Gestaltung und Satz
die Basis - Kommunikation, Ideenwerk und Design, Wiesbaden
www.die-basis.de

Reproduktion
Ditech OHG Medienmanagement, Viernheim

Druck und Verarbeitung
Druckkollektiv GmbH, Gießen

Printed in Germany

ISBN: 978-3-86528-657-4

Besuchen Sie uns im Internet
www.umschau-buchverlag.de